冯骥才

对谈录

冯骥才/著

人民出版社

　　上世纪 90 年代，在天津考察时，冯骥才在窑洼炮台附近发现一块有重要历史信息的古碑。

　　2017 年 2 月 25 日，冯骥才与 2016 年诺贝尔化学奖得主弗雷泽·斯托达特，在天津大学"北洋大讲堂"对谈"科学与艺术"。他们谈科学之真，论艺术之美，期待科学与艺术"在山顶重逢"。

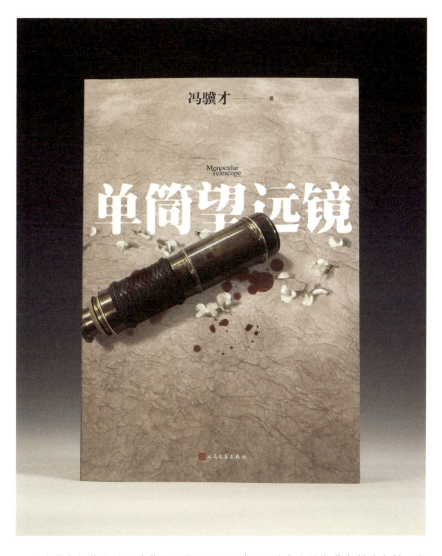

　　冯骥才长篇小说《单筒望远镜》，2018 年 12 月由人民文学出版社出版。该书近 15 万字，是冯骥才继《义和拳》《神灯前传》后的又一部长篇力作。创作该书起源于他对中西文化碰撞的反思，也延续了他对民族文化心理的思考。

　　冯骥才画作《树后边是太阳》，作于 1991 年，现代文人画，尺寸 68cm×104cm。冯骥才说："这幅画决不只是我的一幅绘画作品，它是人生经历中的一个重要环节。它对我的重要，在于它会提醒我——在苦闷中、困惑中、逆境中，千万不要忘记从自己身上提取力量。"

冯骥才画作《清溪出山》，作于 2007 年，现代文人画，尺寸 44cm×52cm。

　　历经十年努力，"硕果如花——十年中国木版年画普查成果展"于 2011 年 11 月 7—13 日在天津大学冯骥才文学艺术研究院北洋美术馆举行。展览分为"全纪录""紧急抢救事件"和"传承人口述"三个部分，通过各种实物和大量资料让每一位参观者身临其境地体验到中国传统民间文化的精髓。

　　2003 年，在河南文化普查中，冯骥才发现一个古老的画乡——
滑县。入村时正赶上冷雨浇头，吃了苦头，但他脚上套上塑料袋，
深一脚浅一脚地进去了。

　　1995年考察天津小洋楼时，冯骥才对摄像组的人说："一定把这条串联着昔日不同风格的四国建筑的大街完整地记录下来。"

  2019 年 11 月 3 日，冯骥才参加在天津大学校园举办的"我境·2019 红叶季"诗会。与会者一起欣赏佳作，朗诵诗歌，捡拾红叶，诗意与秋景相融，人物与自然与共。

目 录
CONTENTS

书桌应该放在大地上

时　　间：2018 年 2 月 5 日

地　　点：天津大学冯骥才文学艺术研究院

问话人：舒晋瑜（《中华读书报》编辑记者）

答话人：冯骥才

我写了一个知识分子个人化的心路历程

舒晋瑜：您的《俗世奇人》获得第七届鲁迅文学奖，小小说界也深受
　　　　鼓舞。在长篇小说大行其道的今天，为什么您还愿意坚持小小说
　　　　的阵地？

冯骥才："小小说"最早是河南文学界提出来的，他们有很高的文学
　　　　见识，他们是有眼光的。很多地方刊物，坚持自己的看法、主
　　　　张、兴趣和审美，而且在学理上不断论证，几十年如一日，形成
　　　　了自己独特的风格，对读者有深远影响。他们支持我，我参与他
　　　　们的事业，也曾经不断写小文章，在学术上支持一下。
　　　　至于个人写小小说，谈不上坚持，我什么都写，就像诗人，可能
　　　　写长诗，也可能写律诗，绝不可能把律诗刻意拉长。我写长篇、

中篇、短篇，写大量的文化档案，写文化学的、人类学的、民俗学的，也写了大量关于绘画的文章。长篇小说是长篇小说的素材，小小说有小小说独特的发现，是不能代替的。

舒晋瑜：从八十年代开始您就从事小小说创作，如何看待小小说？

冯骥才：我很早的时候写过一篇小小说《哈哈镜》，才五十多字。八十年代的写作，非常有激情，那时候也特别年轻，有创作活力，在开放自由的时代，觉得所有东西都松绑了，我曾经在《人民日报》上写了一篇文章，题目就是《让心灵更自由》。小小说对写作有一种挑战。小小说不小，要找到特别绝的结尾。我挺喜欢这样的思维，高度凝练，三笔两笔像油画一样把人物形象点染出来，要求作家有非常好的文字功底，我偶尔碰到了就会写，写了不少。

小小说对我来讲是非常独特的思维，是先发现结尾，倒过来写。小说需要细节，黄金般的细节。在成功的小小说的结构中，往往把金子般的情节放在结尾部分，好像相声抖包袱。像《聊斋志异》中的《口技》，多么逼真；契诃夫的《万卡》，写万卡在信封上写下"乡下祖父收"，"万卡跑到就近的一个邮筒，把信丢了进去……"就那一个结尾，把生活的无望写出来了。

舒晋瑜：那些黄金般的细节和结尾，对您来说需要刻意追求吗？

冯骥才："长期积累，偶然得之"，生活是大量的吸收、感受、思考，没有约束，没有限定。所谓得到是生活赐给你的，是上帝拍了一下脑门，是偶然的生活给你的细节，也可能是有了灵感，自己"蹦"出来的。好的东西都是蹦出来的。如果写作需要"绞尽脑汁",干脆别写了——写作是件很愉快的事情。当然有的时候,要选择特别好的情节,可能陷入苦思冥想,但是小说表现的时候还应该是带着灵气出来的。

舒晋瑜：您特别认可"灵感"或者"天赋"?

冯骥才：只要认识了三千字以上,只要有一定的文字能力,每个人都可以写作,可以写散文写日记,但是不见得能写小说。虚构的特点是由无到有,贾宝玉历史上是不存在的,安娜·卡列尼娜、冉·阿让也是不存在的,是曹雪芹带着贾宝玉出来的、莎士比亚带着罗密欧、朱丽叶出来的……我跟李雪健说过一句话,我说雪健,你每演一个人,这世界就多了一个人,李雪健说冯老师你太夸我了。我真是觉得真正的表演艺术家,每演一个人世界上就多了一个人,这就是艺术最伟大的地方。文学需要创造,音乐需要创造,绘画也是这样,需要特殊的禀赋。

舒晋瑜：最近这几年,您陆续推出了《无路可逃》《凌汛》《激流中》等非虚构作品,并不以年代划分,在整体创作结构和节奏上,您是怎么把握的?

冯骥才：第一本写 1966 年到 20 世纪 70 年代末,原来的名字叫《冰河》,出版时叫《无路可逃》,写如何走向文学。第二本写1977 年到 1979 年,是整个社会和国家从"文革"向改革急转弯的时代,也是中国当代"新时期文学"崛起的时代。我特别有感触的是黄河的凌汛,冰一旦解开,上百平方米的大冰块,被鼓涨起来的河流以极大的力量冲到岸上。这用"凌汛"形容改革开放之前的解冻。第三本《激流中》写1979年到1988年。所有这些都是我亲自经历过的，这本书写到上世纪80年代末第一次现代艺术画展在人民大会堂举办。我最后讲：一个时代结束了。

舒晋瑜：最新一期的《收获》刊发了您的新作《漩涡里》？

冯骥才：《漩涡里》从1991年写到2013年，23年的民间文化遗产抢救到底是怎么做下来的。我做了几件大事：第一件事是一系列老城保卫战，完全靠民间的力量保护自己的城市；第二件事是从2000年开始民间文化遗产抢救工作；第三件事是中国传统村落的保护。《漩涡里》充满了高度智慧，写了20年来所付出的辛苦，也写了官场中的一些事情，把问题的本质写清楚了。我并不是一个成功者，我是失败者，我想保护的东西，大部分没有保护下来。

舒晋瑜：为什么叫《漩涡里》？

冯骥才：我掉进漩涡里，不能自拔，而且不断把大项目放进去，不断搅动，每一个项目都是我心里头的大事。

舒晋瑜：身处"漩涡"，您最深切的感受是什么？

冯骥才：我们不知道的，永远比知道的多，深入进去才知道文化的深邃和广博。我写过一部《人类的敦煌》。1900年，当敦煌遗书发现之后，中国知识分子分为两批，一批是王国维等人，他们到了法国博物馆，自费手抄那些经卷，把那些经卷送回国来，同时劝告政府把藏经洞的文书从敦煌运回，这是学者做的事。同时，画家则直接到敦煌去保护石窟，首先是张大千，1943年是常书鸿。中国出了一代代研究敦煌的学者，他们付出了一辈子的努力，不过是在大山里走几步——中国文化太博大精深了。

舒晋瑜：您书中那么多细节靠什么？

冯骥才：有一次开会，莫言说："大冯你的记忆怎么这么好！那么多细节都记得那么清楚！"我说，那么多事像刻在骨子里，怎么可能忘记！另外我也有比较详细的日记。

舒晋瑜：纵贯五十年的书写，对您意味着什么？

冯骥才：从20世纪60年代中期写到21世纪的第二个十年的中期，写了五十年的人生。一开始我想写成生命史，后来慢慢想，真正写出来后不是生命史，是心灵史、思想史。实际还是写了一个知识分子个人化的心路历程。

我真正想写的是，我们这代知识分子，是在红旗下长大的一代人，随着国家的变化，个人的命运也在变化，一直有自己心灵的追求，一直把个人要做的事情、个人的选择跟整个时代的命运连在一起，是天生的一代有社会责任感的人，有一种使命感。无论是我早期的问题小说、伤痕小说，还是后来的文化小说，都有强烈的社会责任感；无论是虚构还是非虚构，即使有一些看起来是历史小说，实际都和当代社会有密切相关的思考。从作家向文化遗产保护者的社会职能转化，仍然是使命在身的。所以我说，我做文化遗产和学者做文化遗产是不同的，还是有很强的人文情怀。

致力于把岁月变成永存的诗篇

舒晋瑜：《凌汛》中谈到《铺花的歧路》发表，您在文章中表达："为什么这时真正的文学支持都来自遥远的五四？"我觉得这不仅仅是一种怀念，还带着对一代人远去的伤感。

冯骥才：那个时代的作家对文学的敬畏、对社会的责任更为纯粹。现在讲市场经济，用消费拉动经济，一定要刺激人们消费的欲望，是一个物欲的社会、功利的社会。好像这个时代不需要思想或精神，更多需要获得利益的智慧，需要各种各样的谋略，精神贬值，商业文化充满了霸权。弗兰克·富里迪有一本书叫《知识分子都到哪里去了》，实际上，英国和法国也有这样的问题，法国二战后知识分子就很少了。我想，我们这个时代和五四时期不一样，那个时期整个人类为了精神，总在不断追求、探索重大问题。我认为文学最重要的还是精神，甚至我认为文学是纯精神的。现在纯粹的精神在溃退，甚至在崩溃。

有一次我和挪威的作家对话时谈到作家自由的问题。"文革"时作家的心灵是不自由的，受到"文革"时期的扼制；"文革"后思想解放了，我们获得了创作的自由，无形中又被另外巨大的东西控制住了，这就是市场。纯文学本身也被各式各样的畅销书、版税这些东西腐化了。商业文化从外面腐化你，你自己也被这些商业目标、虚假的知名度蚀掉，失去了文学本身神圣的存在价值。我们当代的文学，不止文学，整个文化正在平庸化，甚至于文学有些找不着北。

舒晋瑜：也有一些作家在坚守，努力探索、呈现这个时代出现的种种问题。

冯骥才：但是没有纯文学的环境。好的作家、在探索的作家，他们实际上甚至没有一个公正的评价环境。我们的文化界、文艺界究竟有多少好的作家、好的艺术家？都被市场化了。我们听不到作品的名字，更多的是听到一平尺多少钱；不知道哪部作品有名，只知道哪个画家的作品的价格，这不是悲哀吗？

我之所以写《凌汛》，是回忆我刚刚走近文学时的感受。我特别怀念那个时期，也特别感谢五四时期的作家，像巴金、冰心、茅盾，他们在火炬还没有熄灭的时候，交到我们手中，并且把他们的精神传递下来。那批作家有纯粹的文学精神，关键是，那种纯粹的文学精神在当时的文坛是占主流的。

舒晋瑜：在《凌汛》中，您把朝内166号称为是"精神的巢"，能否概括一下人文社对自己的影响？

冯骥才：我是用感恩的心情来写我走上文学之路时帮助过我的特别是对我有影响的人。无论是责任编辑还是当时的社长韦君宜，五四时期的老作家，不止支持我、帮助我成功，更重要的是影响了我，这是最重要的。还有一个方面，我怀着一种激情，记录文学的纯粹、文学的神圣感。当年投入文学的时候，我觉得人民在受难；现在我觉得我们的文化在受难。之所以投入文化遗产抢救，是中国文化的那种博大深邃、灿烂辉煌感动了我，文化里包含的丰富的感情感动了我。我对文化遗产的感情和对文学的感情是一样的。我一直在探索，作为知识分子，在这个时代里有哪些东西应该坚持、哪些东西应该解决。哪里有问题，我就要修正。

舒晋瑜：《凌汛》为当代文学史提供了很多东西。接下来您还会有怎样的创作？

冯骥才：我打算写四本书，《凌汛》写了 1977－1979 年，是屠格涅夫式的写法，主要写如何走向文学；第二阶段是八十年代，我是八十年代文学大潮潮起潮落的亲历者，我会讲述我的亲历；第三阶段基本写九十年代的经历，在那个时代我也搁浅，也有抉择。最后急转弯走上抢救文化遗产是九十年代末；第四个阶段我要写近十五年走过的历程。这四本书完成，就把三十多年的历程写完了。文学创作是我一种反省的方式，反省一个知识分子在这个时代变迁中到底是怎么走过来的，我是否做了自己应该做的。从第二本书开始，自我拷问将贯穿始终。我要不留情面地拷问、反省，要对自己负责，也对读者负责。

书桌应该放在大地上

舒晋瑜：您为保护非遗做了那么多事情，为什么还说自己是失败者？

冯骥才：2000 年，中国的自然村是 360 万个，到 2010 年已经是 270 万个，10 年间减少了 90 多万个，相当于一天失去了一百个村落左右，这个数字让人震惊。我们的古村落进入一个消亡的加速期。中国五千年的文明，有多少老村子，我们根本不知道这村子的历史，在不知道历史的时候这村子就已经没有了。

后来国家已经意识到，村落的保护应该成为城镇化的一部分。2012 年发动立档调查，住房城乡建设部、文化部、国家文物局、财政部联合启动了中国传统村落的调查与认定，对具有典型性和代表性的村落加以保护，在全国选择 5000 个极具历史价值的传统村落命名保护。

舒晋瑜：您的呼吁和行动还是很有效的，做成了那么多事情。包括 2006 年起中国开始有"文化遗产日"，也是在您的不断呼吁下设立的。还出版了《中国口头文学遗产数据库总目》《中国传统村落立档调查》《中国唐卡文化档案》等大部头出版物。

冯骥才：如果二十年前看到古村落的状况，我们就以科学的、谨慎的态度去保护会好很多。现在明确要保护的东西，也因为商业化面目全非了。我写过一篇文章《科学地保证文化的传承》，中央党校把它当作党建的重要成果。我说传承人认定是一把双刃剑，利弊都有，在这两难中，我们必须清醒。在市场和旅游的驱动下，在消费主义肆虐的大潮流中，文化的产业化、旅游化、商品化，以及传承人的职业化、功利化，正在扭曲传承的目的与遗产的本质。只有坚守科学，才能更好地保护遗产，真正地做好中华优秀传统文化的传承与弘扬。

中国文学史的第一部作品《诗经》就是口头文学集。我们已经收集了20亿字资料，三年整理出的第一期数据库已完成八亿多字，这是民间文学的一套"四库全书"。这项工作需要很大的资金支持，我希望有眼光的、有品位的中国富豪们支持一下我们的文化，如果把这些口头文学整理出两百套，送给美国大都会博物馆、法国国立图书馆、大英博物馆一套，让他们看看，世界上没有哪个国家有中国的文化强大！

舒晋瑜：面临各种各样的困难，您还是义无反顾地做下来了？

冯骥才：作为一个中国的知识分子，不能不做。我把文学放下来。有人认为冯骥才写不下去了，怎么可能！我那时候的创作感觉是最好的，我把文学放下去做非遗保护，谁也不知道我内心的苦涩。我最爱的是文学和艺术，我希望写出最好的文学作品、画出大量的画。我有几部小说要写，人物就在眼前站着，我有写作的冲动，但我必须压抑自己。文化遗产的保护远比我写一部小说重要得多。

有一次下着大雨我去河南豫北考察，村里一片泥泞，踩下去就拔不出来。我脚上套着塑料袋进了村子，一踩就滑倒——这镜头被新华社的记者捕捉到发出去了。

没有人劝我怎么做。我觉得我必须做，没有任何功利思想。之所以这么做，说实话，是想让世人知道中国还是有人有良心做这个事。我想做的事，就是五四以来中国知识分子的传统。在商品时代，纯粹精神至上的人太少了。

（原载《青年作家》2019 年第 5 期）

非虚构的力量

时　间：2018 年 8 月

地　点：天津

问话人：冯　莉（中国文联民间文艺艺术中心副研究员）

答话人：冯骥才

我认为"非虚构写作""非虚构文学"实际上是同一个概念

冯莉：近两三年，您出版了几部非虚构的文学作品，比如《凌汛》《无路可逃》《炼狱·天堂》，包括近期正在进行写作的《漩涡里》，您认为什么是非虚构？从理论上应该如何给非虚构文学定义、定位？

冯骥才：非虚构在西方来讲好像是比较新的概念，这个概念名称提出来有一点模糊，"非虚构写作""非虚构文学"，叫法不一。我认为这两个概念实际上是同一个概念，因为如果不是指涉文学的话，就无需提非虚构。比如媒体和传播行业的文章、报道和采访等基本都是非虚构。

冯莉：非虚构是相对于虚构提出的，二者在内容、方式、程度和形式方面互为体现，分别有哪些不同？

冯骥才：文学虚构包括两大类：一种是小说；一种是散文。散文有时还取材于真实生活，不论这些素材是完整的还是片断的。但小说不同，不论小说如何来源于生活，但小说中的整个故事、人物和情节基本都是虚构的。

先说虚构。可以说任何人都可以写散文，但只有极少数的人可以写小说，小说与一般的写作不同，它完全是另外一种思维、一种艺术创作，小说的思维是虚构的。理论界认为非虚构文学的写作原则有两条：一是必须由现实元素作为背景。比如现实人物、人物的命运；现实的事件、现实事件中的人，基本都是以真实的现实作为背景进行写作，不能有虚构成分。

有理论家提出"诚实的原则"的概念，所谓诚实就是必须要忠实于现实。既然是文学，就具有一定的审美价值，也因此有一个概念叫优化提升。优化提升是要对现实有一定的提炼，但不能离开真实的原则，在素材和运用素材的选择上要符合艺术的规律。当然这是非常有分寸的，如果这点做过分往往就离开了诚实的选择。我将理论家们在对文学写作原过程中提的概念总结一下，应该包括三条：第一是现实的背景；第二是诚实的原则；第三条是优化提升。

从时间角度看，非虚构文学其实是这两年才红起来的，在西方也是。这离不开乌克兰女作家写的《切尔诺贝利的回忆：核灾难口述史》，她因此获得诺贝尔奖。实际在此之前，中国就有属于非虚构写作的报告文学和纪实文学，中国更习惯称报告文学或者纪实文学。1979年、1980年左右就有一大批作家写出过很多优秀的报告文学作品，直到现在鲁迅文学奖还有专门的"报告文学奖"。我在开始写《一百人的十年》的时候，有人就把它归为纪实文学，但我认为《一百人的十年》不属于纪实文学，它属于口述史写作、属于口述文学。如果把非虚构文学划为一大类的话，纪实文学、报告文学、口述文学，都属于非虚构写作或非虚构文学。

冯莉：请谈谈您口述史方面的作品及进行口述史写作的原因。

冯骥才：我写口述文学还是比较早的。80年代中早期有两部最早的口述文学作品，一个是我写的《一百人的十年》；一个是张辛欣跟桑晔写的《北京人》。我写口述文学是直接受《美国梦寻》的影响。《美国梦寻》写了100个在美国不同职业的人对于美国价值的追求，是在美国价值观里、不同情境下个人的不同和共同的追求，以此来反映美国人当时的社会追求。《北京人》跟《美国梦寻》更接近，写了当时80年代中现实的北京人，就像《美国梦寻》中写的七八十年代的美国人的境遇、个人的理想、奋斗、个人对生活的感受、思考等等。

口述文学来源于口述史。跟《北京人》不一样，我的《一百人的十年》更多的来源于口述史角度。有一部分历史亲历者的生命史、心灵史，是将历史亲历者的心灵和命运记录下来，这些经历是对正史或者对于文献史的补充。因此，我的口述文学带有很深的口述历史的意义。

当时我有一个计划，想写出一部类似于巴尔扎克的《人间喜剧》

那样大的、由中长篇组成的、写"文革"的书。我想把那个时代以小说的方式写下来。但这个想法后来被现实击碎了。因为当时生活发展太快，中国马上进入改革开放，社会发生了巨大的变化，现实对我们的冲击又太大，我们对时代充满激情，很难沉下心来写那样一部书。但我不愿意放弃。看了《美国梦寻》这本书之后，我觉得找到了一种方法，就是用口述文学的方式来写我所亲历的"文革"时代和同时代的人。这样，在我的写作里，在小说散文之外多了一支笔，这支笔就是非虚构文学的笔，这支笔后来也没有放掉。在做城市文化遗产抢救的时候，我经常会见到一些传承人身上有他们自己经历的非遗历史，有非遗的记忆，我也会动用这支笔写一些非虚构的东西，做他们的口述史。这些非虚构的作品有的发表出来，有的没有发表，因为并不是为了发表而写，而是为了记录他们身上的文化遗产，记录他们身上活态的非遗才用了非虚构的方式。

用文学的情感、文学的方式反映更广泛的值得思考的、值得 再认识的问题

冯莉：我们知道，二十年多来您这一代人通过非虚构文学写作观照当前社会，在国内的非虚构文学的书写方面起到了推动作用。不论是写作还是在民间文化抢救方面，都做了很多田野工作。您写的

文化遗产的非虚构作品与专家写的文章有什么不同？

冯骥才：最近三年左右，因为年岁渐长，往田野跑的时间有限。你刚才说得很对，这二十多年从开始做城市文化抢救到后来的民间文化抢救、古村落抢救，我基本都是跑在最前面的一批人。开始没有人做城市文化遗产抢救。90 年代初，也是在第一线抢救老城、抢救老街的时候，我就写过一本非虚构文学的书叫《抢救老街》，后来又做了民间文化遗产抢救工作。在写了很多纯文学散文式的文化遗产的东西之余，也写了如《武强秘藏古画版发掘记》《豫北古画乡发现记》《滑县木版年画》等书，后来写了一本《一个古画乡的临终抢救》，内容是杨柳青镇南乡三十六村的抢救，这几本书都属于非虚构文学，书中有口述史，也有对当时抢救过程的文学式记录。因为我是作家，所以一定是用文学的情感、文学的方式来感受、选择生活，所以和理论家写的不同，在写作的时候一定是文学式的。

最近刘锡诚编了一本书叫《田野手记》，把他从上世纪 60 年代中期一直到现在五十年来写的各地的田野手记编了一本书，请我写序。他把稿子拿来以后我翻了翻，发现我写的跟他写的完全不一样。他是专家式的写田野，带着很多学术的目光和眼光，有很多学术的发现。其中有很多他认为有学术价值的记录，有田野手记，还有考证的东西，还做了非常严格的田野调查记录。我就没有这些，因为我是作家的非虚构的写作，作家写的田野记录，更多的是文化发现。我有很多文化的发现，有很多文化情感，还有很多对传承人的文学式的人物细节，包括形象细节，性格细节。我这些东西还是属于文学作品，不属于学术，跟专门写的纯理论的文章不一样。

冯莉：上个世纪 90 年代以来，您将主要精力从文学创作转向非物质文化遗产的抢救和保护工作。当时为什么决定开始转向口述史、非虚构写作，做遗产保护，而且您有这个想法之后就付诸行动，在田野中会发现时代现状、预见将来并采取措施，您的思想也在不断调整，请您谈谈近期的思考。

冯骥才：近几年虽然还往田野去，但想从更宽阔的视角，拉开思想和思考的距离，从中外的比较、古今的比较这一更大的视角，重新审视我们这些年做的事情。我一直在重新审视，甚至于要重新审视自己的思想史、心灵史和生命史。我认为自己是一代知识分子里的一个，我不认为我是有代表性的一个。我认为"这一个"，就是斯坦尼斯拉夫斯基的戏剧理论里说的"这一个"，演员演的这一个，这么一个独特的一个。我不敢说我是一个时代里的典型，可能是这个时代里的另类，反正是这个时代里的"这一个"。我身上有很多同时代人共同的东西，也有我自己独特的东西，我带着我的背景、我的性格、我的历史，我就是这个时代长篇里的一个人物，我要把自己作为这个时代里的一个有独特个性的人物写出来，但这一个就可以反映出更广泛的值得思考的、值得再认识的问题。

比如改革开放以后整个时代转型时期，可不只是中国社会的转型，不只是由计划经济向市场经济过渡的转型，它的背景还是人类文明由农耕向现代化、工业化的转型。在这个转型里文化发生了很多巨大的问题，我们是最早的一批感知到文化命运出现这些问题的人。习近平在文艺工作座谈会讲话里讲了一句话，"我国的作家艺术家应该成为时代风气的先觉者、先行者、先倡者……"当时我在场，感触很深。这段话讲得非常到位。知识分子就应该是先觉者。我曾经写过一篇文章叫《文化怎么先觉》，还在人民大会堂讲过。我认为，文化先觉中最先觉的应该是知识分子。知识分子不是文化自觉，而是文化先觉。知识分子是做文化的，必须先觉，先把问题提出来，当国家认为重要、认为对的时候，就会把它吸收到国家的方略、重大措施里，变成了国家的文化自觉。国家不可能先觉，总是做专业的人先觉，不断提出来，一个人提不行，得经过实践后不断有人提。"民间文化遗产抢救"最早是我们在民协先提出来的，国家认为对，不但支持了我们的民间文化遗产抢救，政府也采取行动，开始建非遗名录。我们先提出，之后文化部开始做这个工程，才有了国家名录，才有了传承人，一点一点把这个做起来。

知识分子有了先觉才能形成国家的先觉、形成社会各界的先觉，最后形成全民的文化自觉。由知识分子的文化先觉成为国家的自觉，再形成社会的自觉，最后变成全民的自觉，这个时候整个社会的文明就进步了一大块。知识分子先觉只是说两句话是不行的，必须要有行动。王阳明讲的"知行合一"是非常对的。西方文化遗产抢救的时候，法国最早出来呼喊的是雨果，到了梅里美他们就有了行动，到了马尔罗就开始做文化普查了，马尔罗是在1964年提出来的。

最近三年我自己有一个转型，不是职业的转型，是我想的问题开始不一样了。这次在贵州讲对于文化保护最新的思考，不能只想这些问题，要想更大的问题。我们这代知识分子这三四十年来到底想了什么，做了什么，我们做的和想的到底对不对，有哪些我们做晚了，有哪些我们做差了，采取的方式对不对，我们对推动这个时代进步起到作用了吗？这个东西不能留给将来的人做，将来的人不是亲历者，必须我们自己做。也可能我们思考的不对，后来人再批评我们，但我们自己必须先要思考，而且这个思考必须遵循诚实的原则。

真实是至高无上的，非虚构的力量就是生活的力量

冯莉：所以您用非虚构的写作方式将您亲历的这个过程和思考记录下来。放下文学创作转而进入非虚构的写作有什么样的原因？这期间发生了什么事？

冯骥才：对。必须把事实拿出来，去思考我们当时是怎么想的，我们要放在纸上，我们对当时的行为也会做现在的判断，这是我写这批非虚构文学的一些想法。

当然还不完全是这样，比如说写韩美林那本书《炼狱·天堂》，那两本书都是写我自己亲历的事情。《凌汛》中写的1978年、1979年这个时间点是整个时代转型的时候，这批作家走上文坛时有自己的想法，对时代的激情，有强烈的责任感。我一直说我们是有责任的一代，没有工夫风花雪月、闲情逸致。80年代初你写闲情逸致、写品茶、写玩宠物的没人看。当然我不反对有的文人去玩宠物、品茶、玩水墨。因为每个人不同，我就是带着我的历史，以80年代初我们那代人的经历，来写整个80年代新时期文学。为什么一个作家要放下自己的写作做文化遗产保护，我要把它写清楚。

直到现在还有人说我新写的小说比如《俗世奇人》这个书二三十年前就应该写，如果20年一直在写小说你能写出多少好看的小说，为什么要到现在才写。这20年为什么要做那件事，甚至有人问我，"你不做别人就不能做了吗？""你为什么要做这件事，是不是当时觉得自己写作的思维枯竭了，写不下去了你才做这件事"。我觉得应该把这个事情写出来，告诉我的读者，放下文学对于我个人来讲是巨大的痛苦。文学对我来讲是我心灵的一个世界，我的文学之心始终不死，但是我强忍着这个痛苦，要做这件事。为什么我把这件事看得比自己的写作还重，到底为什么，我不写东西，也不画画？我如果一直画画确实可以成为一个富翁，我也可以很庸俗地住进豪宅，甚至于我的亲戚们都说，本来你卖画日子可以过得很好，偏偏要去做文化抢救。实际上，我在自己学院做的博物馆，很多东西都是在全国各地跑看见的，觉得很有价值，不愿意这个东西流失了，才把它买了，比如马车等，当时是从欧洲人手里"夺"过来的。当时买完还没有地方放，所以我把马车放到天后宫，搁他们仓库里存着。一直到2005年天津大学建成了我的学院，我才把马车拉回来。那时候我买了大量东西，都堆在画馆的院子里，外面做一个大铁栏杆，做一个围栏，把石雕等等都堆在那儿，拿塑料和草席子盖上，好像一个古董贩子的院子似的。人家认为我很傻，这实际上是一种文化情怀，不是纯学者的东西，这个情怀还是作家的情怀、文化的情怀。情怀不是一个感情，应该是更大的东西。

这些年来我思考的这些问题用小说的方式是没法写出来的，所以我想写一系列的书，我刚刚写完了这一套书的最后一本《漩涡里》，从1991年开始写到2013年，长达22年，很有意思。1991年第一次文化行动，我不自觉地到上海办画展的时候，到周庄得知柳亚子的迷楼要被卖了拆了，要用木料在外面盖新房子。我听说柳亚子当年搞南社的楼非常美，当时要卖3万块钱。90年代初3万块钱也是一笔钱了。那时我正好在上海办画展，有好几个台湾人要买画，但那时候画展本来是不卖画的。后来我决定把画卖了，把卖画的钱给迷楼的主人。我准备把迷楼买下来，捐给《文汇报》。《文汇报》将来有文人到上海来就带他们到这里玩儿。周庄是有九百年历史的村庄，正好在水边，特别美，下面的水很幽静，两边风景也非常好。结果房主一看我那么容易给3万块钱，他就涨到 5 万。所以我又卖了一幅画，后来对方又涨到 15 万，周庄管委会的一个负责人跟我说，"冯先生你别买了，那个人已经知道这个东西值钱了。对方原来不知道柳亚子，跟他讲了以后他知道这个东西将来可以升值，他不卖了"。迷楼到现在依旧保留，后来我专门写了一篇文章发在《文汇报》，叫《为周庄卖画》。

转一年我到我的老家（浙江慈溪）办画展，也去了上海周庄和四川，到了老家正好赶上大规模的城市改造，那时有一个徽派建筑非常美，在月湖边上，临水，后来一问那个楼要拆。那个楼很重要，是贺知章的祠堂，明代重建得非常好，但那个楼太破了，得花 20 万才能修好，宁波文联没有这笔钱，我就跟顾老师（我的夫人）说，我买下来捐了吧。顾老师这点挺好，没有拦过我。她说，"随你便，咱俩挑画去吧！"她还挺积极，我们俩跑到美术馆，从画展中最大的几幅里面挑了我认为好的五幅，4 万一幅，20 万把祠堂给收了。第二天应长奇先生来，他是台湾很大的企业家，也是宁波人，喜欢围棋。他听说我在那儿办画展，还要为这个事儿卖画，就到现场说看看有没有喜欢的画，结果他喜欢我画的《老夫老妻》，画的是风雪里的一对小鸟。他说，他跟他老婆一辈子就是在风雪里。那天他把我叫去了，一块儿看他选的那个画。后来这个画就卖了，钱给宁波市政府，贺知章祠堂就这样保留了下来。直到现在，贺知章祠堂修得非常好，每次到宁波我都会去看看。就这样，我一点一点把这个事做起来了。实际就是一种情怀，没有任何利益，做了也就做了。

我在天津办画展的时候嘉德拍卖行刚开始干，他们要给我办个专场拍卖会。因为他知道我在文学界和社会上影响很大，想给我搞书画拍卖，如果搞拍卖的话很容易就把我的画价抬高了，但是我始终对钱没什么兴趣。一直到了90年代中期，老城要拆了，这可动了我心肝了，因为我所有写的小说都是老城里的故事、老城的生活，于是就开始组织人抢救老城、抢救老街，一直做起来。当了中国民协主席之后，从2000年开始做民间文化，我才知道中国民间文化遇到那么大的困难。其实我当时并不是特别想去，可是高占祥部长跟我讲就是需要一些有影响的作家当主席。我最近写《漩涡里》一开始就写到我当民协主席。我写：我没有想到时代在这个地方给我挖了一个"陷阱"，一掉下去就"万劫不复"了，爬不出来了，而且越陷越深。我想起来阿·托尔斯泰写过一个小说，说一个老鼠掉在一个牛奶瓶子里，它拼命地挣扎，挣扎来挣扎去，忽然奇迹出现了，因为他老在那儿搅动，最后把奶打成奶酪了。

我写这批东西的原因是要通过自己的历程，写自己的心灵史，还要写自己的思想史。用的方法不完全是自传，其实思想史是最终的目的。作家写自己的思想，一定是用文学的方式来写，所以是非虚构文学。这部作品完成之后我是不是还写非虚构文学我不知道，可能要回到虚构文学。因为我脑子里还有一两部长篇，作家的思维是非常独特的。

冯莉：这两种思维怎么切换的呢？

冯骥才：就跟我中间画画一样，另外一个思维来了，那个思维就启动了，而且两个思维完全不一样，不影响。黑格尔的工作方法是对的，就是说我在这儿研究教学、研究艺术，研究艺术所用的思维是大脑的另外一部分神经和记忆、思考的技能，等你用这部分时，另一部分是休息的，处于休眠状态。

冯莉：这两个思维是替换着来，分区的。

冯骥才：对，不一样的。我写长篇小说时，形象思维的东西是"忍不住的思维"，只要你进去了是忍不住的，就像春天来了一样。最近三四年来我有一个习惯，必须在春天写东西，一般每年前两个月是两会时间，两会开完了回来坐下来后，我会先写两个月的东西，必须把这个东西写完才开始干别的。每年先要干这件事，再干别的，这两年你看我写作的时间表都是在两会之后，先写一本书，每年都是如此。

今年我不再做政协委员了，觉得时间来得早，春节中的年初一、初二、初三就要启动了，脑子里当时有两本想写。要写东西时一开始会在本上瞎写，一个是要写《漩涡里》，一个是要写小长篇，小长篇的思维先跳出来，所以写的时候人物细节一个个蹦，止不住，忽然一会儿有一个，拿起本来就记。但不知道什么原因一下子又岔到《漩涡里》去了，我就把这个本放下，干脆压在那摞书底下不动了。开始动手先把《漩涡里》的序写出来，序那天写完了，整个感觉就像回到了1990年、1991年那个时代，一进入那个时代就出不来了，一连就两个月。必须要进那个时代的情境，到底是怎么想的问题，当时怎么办的这个事情，怎么思考的历程。另外还得不断地思辨这些东西，只要一进去就出不来了，一直到把它写完。

说起韩美林，我们俩是好朋友，我知道韩美林的经历非同一般，你们也知道他跟那个小狗的故事。那个小狗的故事很有意思，在我没认识韩美林的时候我就听说过。我第一次见巴老（巴金）是在北京的一个饭店，我陪巴老聊了一个多小时，我把刚听到的小狗故事讲给巴老，使得巴老后来写了一篇散文叫做《小狗包弟》，收在《随想录》里。从这个事情开始，我那时候在心里一直有这个故事。1985年冯牧来北京要办一个刊物叫《中国作家》，让我写一部中篇小说给它，刊物还要发头条。我心想必须找一个分量很重的。我想写韩美林。我为什么要写狗的故事？不仅因为狗的故事我能写得非常好，最重要的是韩美林身上有我和他共同的东西。为了美可以把一切都忘掉，而且在最苦难的时候能安慰我们心灵的仍然是美，只有艺术家才有这样的心。我那时候也是画家，我知道最苦难的时候安慰我们心灵的不是别的东西，正是美、是艺术，生活给他再多的苦难，最后都能转化成为艺术。韩美林比我更是一个代表，因为我最后转向文学了。韩美林是我一辈子的好朋友，作为好朋友我很尊敬他。一个人能够经受这样的炼狱，而且是到了十八层地狱，反过身来能够创造出一个天堂，真是一个奇迹。我应该把这样的主题写下来，以后艺术家不太会有这样的经历，所以我想应该为美林写一本书，最好的方式是韩美林自己讲。我是经历过大苦大难的人，只有经历过大苦难和大灾难，才知道生活本身的创造高于艺术家的想象。

《一百人的十年》里有大量的故事也是不可想象的，生活本身要超过艺术家的想象，所以我觉得最好的方法就是用非虚构，用生活中的事。如果你采用了口述史的方式，就必须遵循口述史的原则。真实是至高无上的，事实胜于任何虚构。那时候在你的笔下你就会感受到非虚构的力量，非虚构的力量就是生活的力量。

冯莉：传统文脉中是否有类似的非虚构的作品，比如说像《史记》。因为非虚构其实是从西方来的概念，您觉得传统文脉中有像您这样的非虚构的写作吗？

冯骥才：还不好这么类比。像《史记》这些毕竟是史学家写的，跟文学家不一样。史学家本身就是要严格遵循历史，不允许虚构。文学家不一样，文学家要考虑优化提升，要考虑审美，怎样才能更有表现力。有文学要求，有文学的表现力，有文学的魅力，有语言的美。文学是需要提升的，史学家不需要这些。

冯莉：您刚才讲非虚构与口述史的关系，每个文体背后其实都有一个潜在的理论上的逻辑，我们能不能这样认为，在您这儿，非虚构背后的理论或者方法上的支撑就是口述史，可不可以这么理解呢？

冯骥才：不一样，比如我写《凌汛》，就不是用口述史的方式。为什么我要写自我口述史呢，因为我还是要强调真实，我觉得它具有真实的原则，同时还有自传的成分。文学里有自传体文学的成分，但自传体文学跟我还有一点不同，自传体文学还可以做一点虚构，有些作家写的自传里还是有点虚构的。而我在写这一套书的时候没有任何虚构，所以为什么要用"自我口述史"，因为自我口述史具有非常严格苛刻的要求，不能虚构。

只有口述的方式才可以把无形文化资产变成文献

冯莉：去年，您的学院办了一个口述史的理论研讨会，这段时间您又在思考传统村落，尤其是近几年大的问题，包括理论上的走向。目前您在口述史和传统村落的实践中有没有一些新的理论方面的思考？

冯骥才：实际上，口述史跟村落还是两个不同的领域。在村落做田野工作的时候，当然离不开口述史的方式，实际上口述史调查，跟文学口述史还不同，这其中人类学的口述史更多一点。我现在提出一个新的理论，叫做"传承人口述史"，这个理论是从非遗保护角度提出来的。非遗有几个特点：没有文献，非遗是活态地保存在一个传承人的身上的，这些东西保留的实际是两个记忆：一是大脑的记忆；一是身上的技艺，就是手里技术上的东西代代相传，比如绝活。这两个记忆都是可变的，而且都是不确定的，如果想要把无形的不确定的可变的东西，变成有形的确定的东西，只有变成文字或者是视觉的录像、图片，才能保留下来。要通过什么变成文字呢？他不说，你不知道，这些都在他的记忆里，必须要他说出来才行，因此就要通过口述的方式。只有口述的方式才可以把非遗最重要的部分，也就是无形文化资产变成文献，这就是传承人口述史能够确立下来的一个最根本的依据。如果不用传承人口述史，用别的方式是记录不下来的，口述史还可以结合录音录像。只有通过这个方式才能把这部分遗产记录下来，永远保存。如果说没有这个记录，一旦人亡，艺也就绝了，这个是谁都预料不到的。只有传承人口述史才能使这些留下来，这就是传承人口述史的重要性。所以我当时提出要成立传承人口述史研究所，后来开研讨会成立了专家委员会，做了国家社科基金中关于口述史的理论，实际上就是想把传承人口述史确立下来。但现在做的还不是特别好，这个学科的影响力还不够，人也太少、田野工作做的太少。其中各种各样的学术交流讨论，作为磁场一样的吸引力和张力都还不够。理论虽然有了，但是没有发扬光大，这是一个问题。

冯莉：目前在传统村落的非遗保护方面有哪些研究空间和问题？

冯骥才：经过四批中国传统村落名录的审批，现在中国传统村落有4153个，马上要进行第五批的审批。最后我估计应该超过5000个。我不主张批太多。

首先，村落是一个另类的文化遗产，既不只是物质文化遗产，也不只是非物质文化遗产，也不是物质文化遗产和非物质文化遗产的综合体，要大于物质和非物质文化遗产。文化遗产是按照项目来分的，一个村落的记忆和遗产是整体。村落是生产和生活的基本单位和场所，是古代人们生活的家园，农耕文明时期生产的最原始基地。这样的地方有很强的遗产的含量、内涵，有很多很深厚的遗产性质，跟一般的文化遗产保护是不一样的。

第二，传统村落面临两大冲击：一是城镇化的冲击；二是旅游化的冲击。过分的旅游化、城镇化是可怕的，很多村落还没有等到我们去调查时就已经败落了，甚至要消失了。直接带来的问题是空巢，有很多村落我们评完了传统村落后就没有多少人了。贵州讲打工潮，大批的年轻人到城市打工都不回来了，城市里的生活条件好，村落里再有历史也跟他没关系了。村落本来就处于弱势，城市化进程中优势都在城市里，村落生活的条件、收入和工作都不如城市。有很多村落空巢就是因为孩子上学太远，只能留在城镇。很多地方因农村的师资没有那么多，将学校合并到某个乡镇里，父母就都搬到城镇里。总之，相当复杂的问题带来村落的瓦解，以至于空巢化的现象很严重。

另外是旅游。农村比较穷，把旅游作为一个单一的经济来源，尤其在评完了传统村落以后，旅游的含量和旅游价值就提高了。旅游确实可以来现钱，越有文化色彩的地方旅游价值就越高，旅游的冲击就非常大。凡是能有旅游价值的东西都被拉到生活表面，没有旅游价值的就没有人理了，村落的文化就随之瓦解。有价值的东西，比如说原来的歌舞、民俗慢慢就变成旅游表演，变成躯壳了，里面没有生活的源头活水。原来人们因丰收而跳舞，现在是为钱跳舞，时间长了以后人们对自己的文化就没有信心。他们认为我的文化就是给人看的玩的东西，这样下去两百年后，人们可能看了看也觉得没什么意思了，所以保护的问题是非常大的。还有一个问题是全国的传统村落虽然有4153个，各地做了很多尝试，莫衷一是，没有哪个是被大家认可的比较好的。第一个国家非遗已经有了法律保护，村落虽然没有村落法，但村落有规划。第二，传统村落有名录了，4153个国家级的。非遗名录国家级的是1372个，省一级的超过1万个。第三有管理部门了，村落是由住建部和住建司来管理，非遗有非遗司，由非遗中心来管，连县都有管非遗的部门。第四有经费。这些东西都有，并不等于问题都解决了，刚才我提到的问题仍然存在。我们曾经开过"古村落何去何从"的会，实际就是想讨论这个问题，但是专家层面也没有形成一致的意见，政府及各个地方也是各自为政，都按照自己的理解来做，所以传统村落的前景仍然堪忧。我曾经有一个想法，做出几个范例来，比如找几个比较好的村落，有一批各方面的专家和学者，由政府投资，按照当年挪威跟我们国家合作的黔东南地区原生态保护一样，做出标准的村落，各地来参观，吸取经验。不过那么做不是一件容易的事，因为各个地方都有自己的经济诉求，而且各地情况都不同，民族不同，文化板块不一样，自然条件不同，怎么找到一个途径现在还是在一个过程里，不能用一个方案解决所有的问题，我的想法是4153个传统村落再过 20 年能保留下来 2000 个村落就很不错了。

文艺理论要有专业的批评，
文艺批评越活跃的地方作品越活跃

冯莉： 今年是改革开放 40 年，改革开放以来我们的文艺，特别是文艺理论评论方面您觉得都发生了哪些变化？对今后的发展趋势您有什么样的想法？

冯骥才： 我认为非常重要的是文艺理论要有专业的批评，专业批评和思想批评当然有一致，专业批评还有专业标准、艺术标准。思想批评中，我们反对过去极左思潮那样的批评，当然，我们对不好的东西还应该有尖锐的思想批评。专业批评应该有审美的讨论、艺术的讨论、艺术方法的讨论。我们现在的文学艺术如果要真正百花齐放、百家争鸣，各种艺术流派、各种风格的出现，真正达到那样繁荣的局面，跟文艺批评是分不开的。文艺思想批评需要不同的声音，不同的声音、不同的倡导、不同的主张的专业批评是对作品的推动。文艺批评不同于文艺批判，批评包括两个方面：一是思想批评；一是专业批评。这两个批评都得有，不能将文艺批评看成批判。对不好、低俗的东西批评，但还得有专业性的讨论。文艺批评还要与公众的审美、公众的判断相结合，还得与大众的、社会的价值判断相一致，要是不能反映公众的观点，文艺批评也是无本之木。

改革开放 40 年里，特别是经过新时期，我的体会是文艺批评越活跃的地方作品越活跃，比如文学、文学批评就特别活跃，甚至于特别尖锐。我的一些作品也遭到过尖锐的批评和争论。比如小说《三寸金莲》就接受过尖锐的批评。创作活力与文艺批评有很大关系，只有批评，思想才能活跃，思想活跃了，各种作品才能大胆尝试、创作才能活跃。上个世纪 80 年代，文学批评、戏剧批评都很活跃，油画也有很多的批评。这个时期，电影批评也很活跃，所以电影就很发达。但是有些领域就不活跃，比如书法。80 年代的书法领域没有出现许多真正的流派，只有几位老先生的书法不错。再比如中国画在 20 世纪 80 年代只有捧场、说好的，没有批评，所以中国画在当时实际创作力就不如油画。我认为，文联的各文艺家协会应该发挥作用，专业艺术家协会很重要的是建立自己的权威，这与文艺批评、文艺评论是否活跃有很大关系。所以专业协会不但思想导向要好，更重要的是要有很强的专业性评论。

教育，不只是知识教育，更重要的是人文精神教育

冯莉：您是一位作家，您在文学、绘画、民间艺术以及传统文化方面有着非常深厚的理论学养和造诣。近些年，您在天津大学培养硕

士、博士人才，请您谈谈在现有教育体制下的艺术审美教育，学校如何能够培养出既有文学写作能力、又有艺术修养，既有传统文化涵养，更有对现实关怀的人才？

冯骥才：我有朋友说，文化人最好的归宿是晚年把自己安顿在大学里，整理思想，做研究做学问，而我到大学却出于一种很强烈的现实责任。特别是这座学院以我的名字命名，就更加重我的压力。

重建我们的人文精神迫在眉睫。重建不是推倒重建，而是面对当代社会现实的重新构建，做到有所坚持、有所担当。教育，不只是知识教育，更重要的是精神教育。从小学、中学直到大学，一个人要完成的不只是知识性的系统的学业，更重要的是拥有健全而有益于社会的必备的素质——这个素质的核心是精神，即人文精神。具体到个人，它表现在追求、信念、道德、气质和修养等各个方面。自觉而良好的人文精神教育，则可以促使一个人心清目远、富于责任、心灵充实、情感丰富而健康。教育应重视美育，应将美育列为教育的重要内容。美育是个系统工程，它不同于一般的知识教育与学科教育，更是素质、人格和心灵的教育。美育教育的建立与计划应请相关各方面专家学者进行探讨，深入研究，制定方案，使"弘扬真善美"得到切实的落实。

首先说大学。当今中国的大学，正在尝试采用多样化的方式进行人文教育，如开设人文讲堂、建立各种艺术组织与文化中心、开展校内外济困扶危的公益活动、招募志愿者参与社会实践等等。

旨在扩大学生的精神视野、关切社会难点、加强心灵修养与审美素养，同时深化校园里崇尚精神的人文氛围。尤其是理工科大学已经渐渐看到人文精神教育的重要性。这都是十分积极的现象。但我要说责任，是因为我身边太缺乏年轻有识和有为之士，我要在学院建立起一支真正的人文工作的团队；我不喜欢在象牙塔里坐而论道，我追求有生命的思想，即在思想里听得到现实的脉搏。

同时，我认为当今大学缺乏灵魂，这灵魂就是人文精神。我想在大学校园腹地建设一块纯净的人文绿地。为此，我院的院训是："挚爱真善美，关切天地人。"

我对研究生的最高要求不只是优等的论文，而是视野、思想能力、操作力、对社会和文化的责任。我重视大学的文化保存，追求学院的博物馆化。经典和纯粹的文化精神应当首先由大学体现出来。学院的背后应是独立思考与活跃自由之思想；学院的面孔应是一种由深厚的文化积淀养育出来的文化气质和明彻镇定的目光。

其次是小学。加强中小学生对传统生活文化的参与和体验。如何在中小学进行传统文化教育，特别是对传统的生活文化（如传统节日、民间文学和艺术、民俗活动等），最好的方式不是整理成教材在教室里传授，而是引领孩子们在生活中亲近传统，潜移默化地感受传统，让传统渐渐成为一种记忆、一种认同、一种情怀。第一，在每年国家文化遗产日，由学校组织学生参加本地一项文化遗产管理部门举行的活动，或联合举行活动。活动方式应各种各样，便于学生参与。第二，教师可带领中小学生去存在的非遗场域里参观，也可把民间传人请进学校，进行问知或传习。第三，在每个重要的节日（清明、端午、中秋、春节、元宵等），组织学生们参加各种节令的民俗活动，感受节日氛围、体会各种民艺、领悟节日内涵，这比课堂上讲解节日的概念更加自然和直接。第四，对于文化，主动接近比被动地接受收效会更大。比如假期安排学生每人收集十个谚语和两三个民间故事，会比给他们讲几个谚语和民间的故事更有成效。具体方式方法可结合当地不同的文化特点。民间文学之乡可以收集民间歌谣谚语，剪纸之乡可以向剪花娘子学学剪纸手艺，民间音乐可以用手机做视频录像。然后让学生们整理自己学习传统的成果，通过自办展览或自媒体等传播自己的收获。用各种灵活多样的方式把孩子们引入传统生活（尤其在传统节日期间）。文化学习最好的方式是体验。因为文化的本质是精神的、情感的、审美的，主要都靠体验得来，只有让孩子们在传统文化中得到快乐和收获，传统才会进入他们的精神与心灵。

宁肯在人间死掉，也要在艺术中永生

冯莉：请您给青年艺术家们提几点希望和建议。

冯骥才：这世界的一切都是由无到有，艺术作品中的每个人物都由虚
构而成，还要同活人一样有血有肉、有性格、有心灵，可是这
些人物的生命却从不依循活人的生死常规；不成功的人物生来就
死，成功的人物却能永恒。有时，他们在书中、戏中、电影中死
去，但在每一次艺术欣赏中重新再活一次，艺术有它神秘的规
律。由于艺术的本质是生命，它一如人的生命本身，是个古老又
永远不解的谜。

艺术家生存在自己的艺术中，艺术一旦完结，艺术家虽生犹死。
长命的办法唯有不断区别于别人，也区别于自己。这苛刻的法则
逼迫艺术家必须倾注全部身心，宁肯在人间死掉，也要在艺术中
永生。难怪他们在现实生活中七颠八倒，在虚构的世界里却不会
弄错任何一根纤细的神经。反常的人创造正常的人物。人们往往
能宽恕艺术中的人物，并不能宽恕生活中的艺术家。他们照旧默
默吃苦受罪，把用心血煅造出的金银绯紫贡献给陌生的人们。一
旦失败，有如死去，无人理睬；一旦成功，自己却来不及享受。
因为只要不再超越这成功，同样意味着告终。

但真正的艺术又常常不被理解。在明天认可之前，今天受尽嘲
笑；成功不一定在它的诞生之日。不被理解的艺术与失败的艺
术，同样受冷落，一样的境遇，一样的感觉。艺术家最大的敌人
是寂寞，伴随艺术家一生的是忽冷忽热的观众、读者和一种深刻
的孤独。

这便是我心中的艺术家，天生的苦行僧，拿生命祭奠美的圣徒，

一群常人眼中的疯子、傻子或上帝。但如果没有他们，人类的才智便沉没于平庸，生活化为一片枯索的沙漠，好比没山，地球只是一个光秃秃暗淡的球体。

（原载《中国文艺评论》2018 年第 8 期）

科学与艺术总在山顶重逢[*]

——冯骥才与诺奖得主弗雷泽·斯托达特的跨界对话

时　间：2017 年 2 月 25 日

地　点：天津大学冯骥才文学艺术研究院

问话人：主持人

答话人：冯骥才　弗雷泽·斯托达特（Fraser Stoddart）

主持人：大家可以看到我们台上三个人穿的衣服，弗雷泽先生穿的是
唐装，而我们穿的是西装，我不知道大家的感受是什么？冯先生
做了很精准的概括，他说这是我们对彼此的尊重。但是，我从他
的话里解读出一个意思是科学和艺术是如此的遥远，我们已经隔
阂很久了。科学和艺术在很多人眼里已经变成了完全不相干的两
个学科和专业，颇有点中国古代"鸡犬相闻，老死不相往来"的
架势。那么我想听一听两位大师的看法，你们认为，今天科学和
艺术为什么会产生这样的隔阂？

---

* 本期对话中除冯骥才之外的另一位嘉宾弗雷泽·斯托达特，为 2016 年诺贝尔化学
奖获得者。

弗雷泽·斯托达特：我认为艺术和科学其实是相互融合、互动、相辅相成的。其实在我的科学研究当中，我也是采用了这样一种融合的方法。另外我本人也非常喜欢艺术，各种门类形式的艺术，比如音乐、诗歌、绘画。我的看法就是：艺术和科学是没有间隔的。我年轻的时候非常喜欢英国的小说家 C.P. 斯诺，他就写了一本关于文化融合的书（注：C.P.Snow，英国科学家、小说家，曾著有 Two Cultures《两种文化》），我也非常赞同他的观点。

冯骥才：在谈论融合之前，我们先要承认在专业的学科领域里，人文和科学是两个完全不同的世界。在人文学院，我们听不到科学的话题；理工学院也没有艺术的课程。这是不是教育的偏激？我不知道。所以现在很多中国的大学在考虑，如何建综合性的大学。但是，即使在综合性的大学里面，理工的学院和文学的学院还是各立门户，来往并不多。我想和弗雷泽先生谈一谈这个问题，到底是为什么？

主持人：为了避免太浓的火药味儿，我建议还是由我来提问吧！我们中国有句老话叫"英雄不问出处"，两位大师在各自领域都取得了顶级的成就。这一切是怎么开始的呢？请弗雷泽先生给我们谈一谈，你是怎么选择你的化学专业的？冯先生，你是怎么选择你的艺术家生涯的，是因为理性？天性？还是因为基因？

冯骥才：从小时候，完全出于爱好，出于天性。但我还是想说一说科学和艺术到底有什么不同。我觉得，科学是关注于物质世界的，人文是关注于人的精神世界的；科学是关注自然的，艺术是关注社会的；科学对于世界是一种发现的方式，艺术则是一种创造的方式；科学是要发现那些生活中本来有，或者这个世界本来有的东西；艺术不是，艺术要创造的是世界原来没有的，比如音乐——世界有风的声音、鸟的声音、水的声音，有溪流的声音，但是没有"音乐"。而且艺术家和科学家的生活方式不同，他们每天心灵里装的东西不一样，看世界的角度也不一样。艺术家充满悲悯的情怀，无时无刻不关注美。当科学家用对和不对来判断世界的时候，艺术家用的是美与不美。艺术家的心里装满了感动和被感动，他是敏感的，不是这样的，他不会成为艺术家。我不知道科学家的心里面装的是什么？

弗雷泽·斯托达特： 我并不是从小就专注于科学的。上高中的时候，我并没有想过将来要从事学术生涯。我受益于苏格兰教育。在苏格兰，启蒙运动贯穿着罗伯特·彭斯（Robert Burns）的平等思想，教育也是如此，贯穿着全科教育的思维。从我上中学到去爱丁堡读大学，我所学的课程涵盖了英语文学、艺术、数学、地理、历史、物理、生物、化学各个学科。这就是为什么在我们这个人口很少的地方，仅化学领域就产生了三位诺贝尔奖获得者。科学家同样会受美和艺术的启发，实际上我的研究就在很大程度上受到文化和艺术的启发，比如图画、雕塑。您提到了"美"这个词，我不久前发表了一系列文章，主题就是关于美和化学。在座的很多人会赞同我们自然科学家对于艺术和周围世界之美的感知理解是超过许多艺术家的，我们通过科学研究把对美的感受表达出来，而且我们自然科学家对美的欣赏也许超过了很多人文学者对科学的欣赏。我强烈地感觉到，人文领域的人们应该开放思想，生活的点滴之美关联着物理学、化学、生物学、材料学、工程学。

我有幸生长在一个温暖的家庭里，我的父亲虽然是个农民，但他接受了良好的教育。他很喜欢诗歌，我跟他学习了很多诗，有一首诗我想和听众分享。它是维多利亚时代桂冠诗人丁尼生（Tennyson）的一首诗，题目叫 The Brook（《小溪》）。

> 我来自满是黑鸭和苍鹭的故乡，
> 我突围而出，
> 晶莹闪耀着穿越在羊齿蕨中，
> 潺潺地淌下山谷。
> 我快速流淌过三十座山岗，
> 在山脊之间滑落，
> 我越过二十个村庄，一个小镇
> 和五十座桥。
> 直到我来到菲利普的农庄，
> 汇入涨水的河流，
> 尽管人们来了又走，去去留留
> 我永不停歇，前行依旧。

这首父亲教我的诗告诉我，人生需要选择，可以是艺术、可以是
科学，都没有关系，重要的是要像河流一样，一以贯之，真正做
一些事情。我是科学家，但我仍然喜爱艺术，我可以用人文的精
华去扩充自己。我们不应该有这种门第之见要去区分理科和文
科，我们不要用两种、三种方式看这个世界，我们要用大同的眼
光去看世界。

主持人：弗雷泽先生的朗诵是如此的好，文学修养如此的高，如果他
选择了文学、艺术，他会不会成为冯骥才？如果冯骥才先生选择
了化学，他今天能不能像弗雷泽一样，坐在这个位置呢？

冯骥才：我静静坐在这儿听弗雷泽先生朗诵，尽管他朗诵的语言我听
不懂，我仍然深深地被感动。杰出的科学家都有深厚的人文情
怀。艺术就是用美的方式热爱世界，看见生活中的美。这使我想
起了达芬奇。在文艺复兴时期，艺术家从科学里拿东西是很清晰
的。比如画家从科学里拿了两个重要的东西，一是解剖学，一是
透视法。因为透视法，西方有了风景画，因为解剖学，西方有了
米开朗琪罗这样的大师。可是现在我们的艺术为什么离科学远
了呢？

弗雷泽·斯托达特：我也许被归类为"科学家"，但是每天我也是"艺
术家"。法国十八世纪的一位科学家说，化学家就是创造家。化
学家制造物质。我把我对科学的探索定义为制造别人从未制造出
来的东西，这种创造性类似画家、雕塑家、音乐家。伟大的科学
家同时也是艺术家，只要艺术家真正欣赏科学，也会成为科学

家。化学中没有任何神秘的东西。化学是另一种绘画、雕塑、音乐、诗歌的方式。

主持人：在我们的印象里，科学家和艺术家还是有很大区别。比如左脑是管逻辑思维，右脑管形象思维，就像一个硬币的两面，是不能分开的。作为艺术家、科学家，你们当然是不能分开的，但是你们的生活有什么区别呢？

弗雷泽·斯托达特：我想表明立场，我们的生活没有不同，在创造性上科学与艺术没有不同。科学家和艺术家都拥有创造力，大家都曾经历痛苦失败。我想用一首诗表达我的看法，吉普林（Joseph Rudyard Kipling,1865-1936）的 If（《如果》）：

> 如果在众人六神无主之时，
>
> 你能镇定自若而不是人云亦云；
>
> 如果在被众人猜忌怀疑之日，
>
> 你能自信如常而不是枉加辩论；
>
> 如果你能够等待，而不是因此而厌烦，
>
> 或者被人欺骗，却不以血还血，
>
> 或者被人所恨，却不以牙还牙，
>
> 同时，依然不愠不火，谈吐不凡。
>
> 如果你有梦想，又能不迷失自我；
>
> 如果你有神思，又不致走火入魔；
>
> 如果在成功之中能不忘形于色，

而在灾难之后也勇于咀嚼苦果；

如果听到自己说出的奥妙，

被无赖歪曲成面目全非的魔术而不生怨艾；

如果看到自己追求的美好，受天灾

破灭为一堆零碎的瓦砾，也不说放弃；

如果你辛苦劳作，已是功成名就，

为了新目标你依旧冒险一搏，哪怕功名成乌有；

即使惨遭失败，也仍要从头开始，

而丝毫不去计较个人得失；

如果你的整个身心已经灰飞烟灭，

而你驱使其留下的德行能流芳万世；

那么坚持到底吧——即使你的内心已空无一物，

只能听到意志的呼唤："坚持！"

如果你跟农夫交谈而不离谦恭之态，

和王侯散步而不露谄媚之言；

如果你的敌手和挚友都无法伤害你，

如果所有的人都指望你，却无人全心全意；

如果你肯花六十秒钟进行短程跑，

去填满生命中无情的每一分钟，

那么你就可以拥有整个世界及其万物，

更重要的是，你就是个真正的男子汉了，我的孩子！

这首诗是吉普林告诉他儿子的，不论他的儿子做什么，生命就像一碗樱桃。你要知道，面对成功很容易，难的是面对失败。不管是科学家，还是艺术家，我们都是人类一员。

冯骥才：弗雷泽先生讲他从小在苏格兰接受的教育，给我很多启示。从小就注重全面的教育，关键是心灵的教育，培养一个人心灵的丰满、丰盈，他对世界感知的能力。一个搞科学的人，如果真的能用艺术的情感来感受生活，他肯定有情怀，即使他不从事艺术，一种看不见的艺术情怀也可以在他身上发挥作用。

主持人：科学家和艺术家都会提到两个词，推理和灵感，我想请教两位，艺术家和科学家的灵感，是一样的吗？

冯骥才：艺术家有自己的逻辑方式，也有自己的哲学方式，举一个例子，比如托尔斯泰的《战争与和平》有很多哲学的论述。后来人认为他的哲学论述过于冗长了，放在他小说的最后一部分。托尔斯泰有一句话，一匹马拉着车从山坡上冲下来，到底是马拉着车，还是车推着马？这就是作家的哲学。作家的哲学离不开形象的方式，因为艺术是用形象说话的，跟科学家纯概念的推理不同。

艺术和科学还有一个不同，科学是可以超越的，但是艺术不可以。梵高超越不了莫奈，毕加索也超越不了梵高。艺术最重要的是区别，只有我的艺术跟你的完全区别了，我的艺术才成立。这是艺术的存在方式。

我们说了太多科学与艺术的不同，艺术和科学最终还要回到人的身上。其实，人类最初是没有科学、艺术的，但是人要盖房子，做容器，做工具，这样慢慢有了技能，有了原始科学；人的精神需要抚慰，需要表达，需要抒发，人们就开始跳舞，有了原始的舞蹈，用鸟的骨头做笛子，用陶做埙，于是有了最原始的艺术。人类的两个文明——物质的文明和精神的文明，都在人的身上发展。我们有热爱的歌、诗句、图画，但是我们身上也有手机，也有大量高科技。无论科学、艺术，都是为人服务的，它们的发展也是为了人类社会文明的进步。

弗雷泽·斯托达特：我很难区分自己什么时候是"艺术家"，什么时候是"科学家"，我只是一个完整的人。我的灵感一方面来自米罗、毕加索，贝多芬的奏鸣曲、交响曲，另一方面也被制造从未出现过的物质的想法所激励。艺术可以帮助科学家在抽象世界中工作。科学与艺术的融合并不容易，科学家在不断寻找科学与艺术融合的方式。不管艺术家和科学家，我们都在探索中得到了快乐。我想分享彭斯的一首诗 Tom O'Shanter A Tale（《汤姆·奥桑特一个故事》）：

欢乐好比盛开的罂粟花，

你去抓时，花儿纷纷落下；

欢乐又好比河上的雪花，

一瞬间的白，马上就会融化。

欢乐又就像北极光，惊鸿一瞥；

又像美丽的彩虹，

在暴风雨中消失得无影无踪。

主持人：关于科学和艺术的对话永远不会结束，随着科学的发展，科技深入生活，科学与艺术的关系会怎样发展？

弗雷泽·斯托达特：我认为这两者的融合是没有问题的，从科学家的角度看是完全可以实现的。

冯骥才：对。随着社会的高度发展，科学与艺术会越来越专业化，从专业上，它们似乎会越来越远，但最后还要落在人身上。我们会享受更多科学与艺术的成果。我想引用福楼拜的一句话，科学与艺术总是在山顶重逢，所谓的山顶就是在人的身上，发展到最高的阶段，最后在人的身上还是重逢，只有科学和艺术双翼齐飞，社会才会更进步。（注："越往前走，艺术越要科学化，同时科学也要艺术化。科学与艺术就像不同方向攀登同一座山峰的两个人，在山麓下分手，必将在山顶重逢，共同奔向人类向往的最崇高理想境界——真与美。"——19世纪法国著名文学家福楼拜）

我想像完成艺术品那样完成这部小说

时　间：2019 年 3 月
地　点：天津大学冯骥才文学艺术研究院
问话人：傅小平（《文艺报》记者）
答话人：冯骥才

一

傅小平：在我印象中，您的小说特别注重意象经营，种种意象又或隐
或显地联系着您要表现的主题。"怪世奇谈"的前三部曲《神鞭》《三
寸金莲》《阴阳八卦》，书名本身就暗含了某个特定的意象，这第
四部《单筒望远镜》也是如此。我比较好奇，您在构思小说时，
是脑子里先浮现出意象，还是先确定主题？

冯骥才：其实，我不是所有小说都有意象，但我的小说形象性都很
强。这恐怕与我画画出身有关。我写任何东西，脑袋里都会有画
一样"可视"的形象。我也希望给读者一个清晰的形象。福楼拜
写《包法利夫人》的时候，他说他连包法利脸上细碎的皱纹都看

到了，他虽然并没有写，但作家的这种思维状态读者是能感受到的。契诃夫一次给高尔基回信，含蓄地批评高尔基作品中修饰语太多。他说，你写"一个神情疲惫、头发缭乱的人坐在长长的、被行人踩得纷乱的草地上"，如果我写，我只会写"一个人坐在草地上"。接下来契诃夫说了一句很重要的话。他说"小说必须立刻生出形象"。这就是说，作家要让读者一下子进入小说的情境中。没有形象，哪来的情境？

傅小平：小说里，单筒望远镜只出现了两次。第一次在49页前后，欧阳觉和莎娜产生爱意时，一起通过单筒望远镜看天津这座城市。第二次在245页，火炮阵地上一名联军指挥官，这个指挥官很可能是莎娜的父亲，他的尸体旁边有一个单筒望远镜。同一个道具出现在两个不同的场景中，蕴含了什么样的寓意？

冯骥才：单筒望远镜只能用一只眼，也就是说，你只能有选择地看对方。如果从爱的立场上选择可能是美，从人性的立场上选择则需要沟通，从文化上可能选择好奇；在战场上，你就一定选择攻击目标。第一次是文化选择，充满好奇与欣赏。第二次是作战工具，杀戮的工具。

傅小平：说实在，像金莲、八卦，还有辫子这样的意象，因为跟中国传统文化紧密相连，更为人熟知。相比而言，单筒望远镜会让人觉得陌生一些。您选择这么一个道具，是纯粹靠的想象，还是因为有实际的接触？

冯骥才：单筒望远镜我有收藏。天津有租界么，就留下来这样一些东西，我还收藏了那个时期军官用的枪，还有哥萨克用的马刀、书籍、照片等等。我从单筒望远镜发现，在中西接触的初期，也就是相互隔膜、误解、猜疑甚至冲突的时代，大家都用单筒望远镜看对方。所以我小说中所有人都用着单筒望远镜看对方。我的男女主人公用有形的单筒望远镜看对方的世界，义和团用它看洋人，所有人都用单筒望远镜看义和团。我发现，再没有别的比用单筒望远镜更能够破解与说清楚那个充满误解和误判的荒谬的时代。

傅小平：原来这样。就像您说的，这部小说里，除了单筒望远镜外，还有大槐树、小白楼等意象，乃至庄淑贤给丈夫欧阳觉剥的瓜子，也可以看成一个耐人寻味的意象。以《当代》杂志副主编杨新岚的理解，如果说单筒望远镜是西洋文明的象征，大槐树则成了本土文明的象征。您认同吗？又该怎么理解？

冯骥才：我认同。她很有眼光，切中我的本意。一棵与老城共生和盘根错节的古树，和树下欧阳一家人的生活与人文，确实被我作为"本土文明"的象征来写。我迷恋这块土地几百年养育起来的人文及其韵味与滋味。

傅小平：以我的阅读感觉，小说开始写大槐树部分写得很有感染力。我当时不经意翻这部小说，也是被这部分叙述带了进去。当然，小说里这棵神秘的大槐树，似乎暗示了一种宿命感，还联系着家国命运。这个意象给我深刻印象的同时，我又想，您是不是也写得有些玄乎或是邪乎了？

冯骥才：你从我写大槐树，看到了一种宿命感，我很欣慰。当我陶醉在这棵大槐树下古老的文明时，也放入了种种不祥之兆，你看，什么吊死鬼来了，乌鸦来了，大树着火了，都是灾难的预兆。这个预兆在小说的结尾全部化为残酷的现实。在小说进行中，当我写义和团涌入天津的时候，我写了一笔，欧阳觉忽然想起去年大批吊死鬼由天而降，这一笔是为了和前面呼应。在这里可以说，我是用了《红楼梦》的笔法吧。

傅小平：那挺立在荒草地上的小白楼呢？现实中有这样一个楼吗？

冯骥才：是我虚构的，但有现实的依据。当年我在调查天津老建筑的时候，看到当年租界的边缘有这样一个楼，一面朝着租界，一面朝着老城。天津是个"华洋杂处"的城市，租界和老城是两个相对独立的部分，不像上海是公共租界，都混在一起的。这种建筑对于我的小说和主人公真是一种"历史的恩赐"，莎娜用单筒望远镜从这里看天津老城，欧阳觉的兴趣完全在租界一边。如果往深处去想，它不也是一种意象吗？

二

傅小平：这里有一个问题，形象思维和意象经营之间有什么关系？换句话说，一个形象怎样转化为意象？

冯骥才：那意境是什么呢，意境其实就是在空间镜像里放进诗。所以我认为中国画所讲的意境，就是绘画的文学性。中国画最高追求是文学性（诗性），即苏轼所谓的"画是有形诗"。意象思维是在形象中放进去一些意。意，主要是意念。这使这个形象有了象征性，有了特定的理念、意义、思想，以及暗示。甚至包含小说的题旨。意象应该是中国文化的一个传统。比如中国的诗画都讲意境。西方风景画也讲境界，但与中国山水画所讲的意境不同。这也是元代以来中国文人画最高的艺术宗旨。

傅小平：您刚说的，倒是让我想起在"冯骥才记述文化五十年"系列之一《漩涡里》里，您谈到自己特别欣赏现代文人画，因为当代中国画缺少的正是中国画本质中一个重要的东西——文学性。您还批评道，中国画里缺少文学的力量。

冯骥才：近代中国绘画职业化后，文人撤离书画。我们的绘画就发生了本质的改变。这是美术理论问题。在我们的古典文学中，我们一直有一个不能忽视的传统是对"意象"的运用。比如像《红楼梦》里就有大量的意象，林黛玉葬花是一个意象，贾府门前的石狮子是一个意象，青埂峰下的石头，更是一个很深的意象。能作为意象的形象与一般形象不同，你要抓到了一个意象，就相当于抓到了一个小说的灵感，在思维步步推进的过程中，你会把越来越多的东西都放到这个意象里边去，于是这个意象就变得越来越深厚，并有了多重含义。

傅小平：意象往往给人感觉是静态的，一旦被捕捉到后就确定不变了。但实际的情况，很可能是像您说的，在没有落到纸上之前，它一直是有变化的。

冯骥才：有一次，我和陆文夫逛苏州园林，他说，苏州园林的回廊很
有趣，你以为走到了头，但它一定不是一面墙，而是一个窗口，
你透过窗户，又能看到一个风景，它绝对不会只有一个层次——
就像小说。这对我有启发。我说就像我们吃桃子，你吃过鲜美的
桃肉以后，里面还有一个桃核，待把桃核砸开以后，里面还有一
个不同味道的桃仁。吃到桃仁，也多了一层快感。我们中国传统
小说就像桃子，它让每个人都能吃到鲜美的桃肉，吃过桃肉还有
桃核，如果你有心，还能吃桃仁。不像那些伪先锋小说，只有一
个让人咬不动的核桃。意象的小说最关键还是意。比如《神鞭》
改编成电影在天津大学放映，我随导演张子恩去了，学生们叫我
上台讲几句，我就说，你们看完了，高兴了，但别忘了，你们头
后面也有一条辫子。你们要把垂在头上这根沉重的有点发味的辫
子剪掉。可是辫子剪了，神得留着。

傅小平：您说的这个"神"指的什么？

冯骥才：自己的根脉和精华。我讲这话时是 1985 年。到了九十年代
我就为保留这些根脉而工作了。

傅小平：我倒是想起了辜鸿铭的那个掌故，他在北大任教时，梳着辫
子走进课堂，引得学生哄堂大笑。他平静地说，你们笑我，无非
是因为我的辫子。我的辫子是有形的，可以剪掉，然而诸位同学
脑袋里的辫子就不是那么好剪呀！《神鞭》应该说体现了你对国
民性或是民族劣根性的思考。

冯骥才：是的。1985 年我们正在进行五四之后新一轮的文化反思。为
什么我们会发生"十年浩劫"？一定要碰到国民劣根性的问题。
在《神鞭》里，我是沿着鲁迅先生批判民族劣根性的路走。小说
里傻二接连以祖传一百零八式"辫子功"打败流氓恶霸和日本武
士，无往不胜，被称为"神鞭"，但面对八国联军枪炮，他的辫
子功就无能为力了，被炸断了。但傻二元气不绝，变"神鞭"为
"神枪"。这个辫子就是个意象，也是个象征。接下来我想，我们
民族文化深层的劣根性，为什么如此持久顽固？五四新文化的洪
流不能涤荡，五四之后过了半个世纪，它为何还解决不了，还恶
性大爆发？我想到，中国传统文化的负面中有更厉害的东西，它
是一种"魅力"。它能把畸形的变态的病态的东西，变为一种美，
一种有魅力的美，一种神奇神秘乃至令人神往的美。传统文化惰
力之强，正因为它溶进去魅力。这样，一些人为的强制性的东
西，也会被酿成为一种公认的神圣的法则。我们对这种法则缺少
自省，所以中国人身上就形成了一种自我束缚力。于是我渐渐找
到了三寸金莲这个奇妙的意象。

傅小平：说到点子上了。一般的看法认为，旧社会女子缠足，是受了
封建思想的禁锢。但反过来想，如果不是当时的中国人，包括很
多女子普遍认为三寸金莲是美的，她们不见得主动去缠足，也不
见得能忍受那样的自残。

冯骥才：《三寸金莲》出来后，很多人都说看不懂。对我批评的火力
很足很猛。没一篇肯定的评论。我有一位作家朋友对我说，你怎

么写那么肮脏的一个小说？我说，你说它肮脏就对了，你读了要觉得它美就糟了。但楚庄先生在一次会议上，见到我时先送给我一套民国间石印的《九尾龟》，然后对我说，近来读了你的《三寸金莲》。我等着他发议论，谁知他什么也没说，只给了我一个信封，并说了一句，回去再看吧。我回去打开信封看到里边一张一尺半见方的宣纸，他在上边用毛笔写了四句诗："稗海钩沉君亦难，正经一本传金莲，百年史事惊回首，缠放放缠缠放缠"。我读了，顿觉知我者，楚庄啊。我这小说写的当然不只是缠足的问题，虽然现在没人缠足了，但这种自我束缚力，今天依然有，未来还会有，这是我们民族性里的东西，应该说是中国文化里非常突出的，是国民性的一部分，是还隐藏得深的东西。当然这也说明，意象性的小说不好理解，需要用心来读。

傅小平：也就是说，写《三寸金莲》与您思考的步步深入有关。那是不是说，这是一次主题先行的写作？这涉及到您写这部小说，出于一个什么样的契机？

冯骥才：《神鞭》出版以后，开了个研讨会。冯牧就问我，接下来写什么，写完辫子，底下是不是得写小脚了？他这句话有点玩笑的意思，但对我应该说有所触动。当然那时候，我已经留意金莲这个东西了。因为它和我对文化本质的思考，慢慢就交叉在一起了，而且一交叉就有联想，有灵感。渐渐这个意象就出来了，我可以把我想到的很多东西都放进去。当然了，我不是写一本思想随笔的东西，我写小说就得有好看的故事，有大量的人物，有鲜活绝妙的细节。我必须要做的是看很多关于金莲的书。回想一下，我应该看了不下几百种吧。这时创作冲动起来了，几个月把初稿写完，就和张贤亮去了美国，我把稿子也带去了。带去后，发现在美国改这部稿子真是再好不过。因为站在文化的角度看，美国绝对开放啊，在那样一个环境里回看中国人的束缚，我的感受就更加强烈。在与美国社会广泛的接触中，使我越来越清楚观察到中美之间不同甚至相反的生活观、社会观、生命观、文化观、历史观和价值观，当我自觉用这种不同的文化视角来反观"三寸金莲"时，我对其本质看得就更深刻与入木三分，批评也就更犀利了。我在爱荷华待了四个月，等回国后，再整理了一遍就把这部小说发出来了。

傅小平：这之后，就是《阴阳八卦》了。

冯骥才：《神鞭》所写的文化的惰力和《三寸金莲》那种文化的自我束缚力，都可以说是可知的文化。到了《阴阳八卦》，我要写的是中国文化不可知的部分，即民族文化黑箱。说到阴阳八卦，这又是一个巨大的认知系统。

傅小平：是怎样的认知系统？

冯骥才：实际上，中国文化走不出来这个认知系统，不是我想到的，是吴承恩想到的。你看《西游记》里，孙悟空无父无母，非名非相，就跟佛一样，他没有祖宗。他是从石头里生出来的。但他即使有天大的本事，能七十二变，也跳不出如来佛的掌心。这还不算，唐僧还有治他的紧箍咒。这个紧箍咒，不单单是权力的紧箍咒，是封建精神的紧箍咒。所以，吴承恩把几千年中国文化的束缚写到家了。你说这小说多厉害，概括力有多强。要我说，中国最伟大的小说就是《西游记》。有时，我真是觉得我们不必在西方现代主义面前烧香了，我们中国有厉害的东西。

傅小平：那倒也是。我追问一句，紧箍咒象征什么，我们大致都清楚。那在你看来，如来佛的手掌心，体现的是一种什么样的力量？

冯骥才：要具体讲，也与权力有关，与传统习惯有关，但又超权力、超传统，它是我们身在其中、无法逾越的约束力。写《阴阳八卦》的时候，我都想过这些问题。一次，我跟韩少功讨论过中西文化本质的区别。少功认为这个区别的根本在认知世界的思维方式的不同。西方人用的是解析思维，他们把一个东西不断分解，层层解析推进，把弄明白的事情就变为过去时，他们始终面对未来。所以，他们的科学很发达。中国人不一样，我们把过去现在未来，把已知的未知的都搁在一块。我们奉行一种思想，就认为它一定全知全能、包治百病，能够解决一切问题。所以我们认为领导者一定先知先觉，什么都能预知。所以，我们的思维是包容的，也是朦胧的，充满感觉的。通过阴阳辩证，似乎什么都能解释。这个体系，你似乎挑不出来什么毛病，但我们其实也清楚这里面有很大的问题，我们现在仍然处在这个认知思维里面，谁也解决不了。但即使解决不了，我们也不能不知道。

三

傅小平：您这一展开，相当于对"怪世奇谈"前三部的来龙去脉做一番梳理。有了之前的这些思考，您自然就会触及到东西方文化碰撞的问题。而且，我也觉得，您比较多在中西方文化对照的框架里看中国经验或中国问题。这都集中体现在《意大利读画记》这样的随笔集和《单筒望远镜》这部小说里了。

冯骥才：《阴阳八卦》脱手后，我就考虑到了这个问题。所以《单筒望远镜》的构思很早就开始了，但直到三十多年后，我才动笔写它。我想，从封闭的时代走向开放，在这个复杂的过程中，西方用单筒望远镜看我们，我们也是用单筒望远镜看西方的。我记得，1977年，我们很多中国人都没见过外国人，看见一个外国人坐在汽车里，都趴在车玻璃上往里看。但在20世纪初，天津有租界，不少外国人在这里生活，这样一对比，会不会有点恍惚？当然，在那个时代，西方人必然带有对我们文化的曲解与误解。所以，中西方有交流，但更多的是冲突。小说里的欧阳觉和莎娜之间，一定是一个悲剧性的结局。

傅小平：这个故事有原型吗？

冯骥才：我在年轻的时候，听别人说过一句话。他们说，过去呀，20世纪二三十年代，有个银行的职员跟一个外国女的好上了，他们语言都不通。这个事闹得可厉害了，外国人非要杀了他不可。我也就听了这么一句，它进了我脑子里了，那时我也不可能去写这么一个故事，但后来会不断想起，想着想着人物也慢慢活起来了。我每次到法国，都会去老城区转转，转到一些地方，会不由想起巴尔扎克、莫泊桑小说里写到的场景。有一次，去了一座巴洛克式的教堂，忽然觉得莎娜就坐在我旁边。还有一次，到了一个店里，看到一张老照片，一个法国女孩子朦朦胧胧一张笑脸十分可爱，我就觉得她就是我心目中的莎娜。我还把这张照片买了，带回来。当时，我心里生出一些莎娜在巴黎很生动的生活，但我在《单筒望远镜》里没有写。我只有从欧阳觉的眼里写她，小说的感觉才更奇妙，也符合那个时代。

傅小平：为什么就不能往复杂里写？能把小说写复杂，也是一个本事，也特别能体现写作的难度。而且，这的确是一个可以往大里写的故事，您把很多可以展开的部分，都隐在后面，或是省略掉了。您是有意往短里写吗？

冯骥才：在北京的新书发布会上，我说，这小说是写在近代中西最初接触的年代里，一个跨文化的爱情遭遇。很多人未必一下子就能明白我为什么用了"遭遇"这个词。因在这样一对语言不通的异国男女之间，不可能有很丰富的爱情。只有"情爱遭遇"才更好表现我要表现的"文化撞击"。所以，我只从欧阳觉角度写，不写莎娜的角度。我只写她的行为，用她的行为写她这个人。

傅小平：怎么说？

冯骥才：因为你写人物行为的时候，实际上把他的心理也表现出来了。所以，写莎娜部分，我只写行为。但欧阳觉这部分，我不只是写他的行为，也写他的心理与感受，写他的遭遇与命运。我让其他人的遭遇都与他相关，我把其他人的命运放在他身上，读者一定要揪着心看下去的。当我完成了欧阳觉这个人物，自然也完成了其他与他密切相关的人物。

傅小平： 要是不明白您这番良苦用心，或许有读者会觉得，您这部小说写得有些单薄了。但要是换个角度，就像评论家潘凯雄说的那样，能在不到十五万字的篇幅里承载着这么大的主题，是一个作家的本事。不是所有作家都有这个本事在如此凝练但同时又如此开放的空间里完成这么厚重的一个思想的承载和传递。

冯骥才： 当然，这么写是有难度的。这后边有重大的历史事件，有复杂的历史矛盾，义和团事件和对义和团"历史真实"的表现，有联军对天津的"屠城"。可以告诉你，我写的每一天（特别是1900 年 6 月中旬以后），都有真实的历史依据。但我不能展开这个大背景，我要紧紧抓住欧阳觉这个人物。我还要写一个努力叫读者一口气看完的小说。我必需把巨大的时代冲突放在一个人的命运上。你想，像巴尔扎克的《欧也妮·葛朗台》，也就是十三万字左右，戈尔丁的《蝇王》也就是十四五万字，都不是铺张的写法。

傅小平： 倒也是。小说下篇写义和团部分，您没有大写特写，是不是和义和团运动持续的时间比较短有关？

冯骥才： 当年我写长篇《义和拳》是 55 万字，那是正剧。历史背景、事件、过程全要展开。但这一次不是，我写的是一对异国男女的情爱遭遇，写文化撞击。虽然我也写了义和团，甚至写了刘十九，但是背景人物。所以在"下篇"有关义和团章节中，我用了大写意的笔法，就是虚虚实实，该虚就虚，该实就实。有时我干脆就空白处理。比如朱三这个人，经过一场战役后就不见了，我没有交代，读者去想。想什么呢？我们要让读者知道，义和团不像军队有组织有编制，谁都知道谁，他们只是一拨乌合之众，并且都是吃不饱饭的贫苦农民，呼啦一下子就起来了，他们聚到一起，谁都不认识谁，往往这一仗一批人死了，那批人又来了，来的也都是临时从村里拉起来的一帮人。这帮穷苦百姓聚到一起，谁都不知道谁，一个人死了，连问也没人问，这就是真实的义和团。所以连刘十九，最后我也没有做交代。

傅小平：那天发布会上，您说您喜欢把小说作为艺术品来写。为什么？您怎么做的？

冯骥才：在这部小说里写大场面，我用了写意的笔法。但大场面里，我最着力的是细节。我认为，小说是靠不断出现的重要的细节支撑的，有了一个个精彩的细节，一部小说才会丰满起来。细节也是小说的眼睛，细节活了，眼睛睁开，小说也就活了。小说的结尾，我认为应当用最简洁的办法"收尾"，不能拖沓，要给读者一个接着一个撞击。我写了从欧阳觉入城，到屠城的场面、家破人亡的一个个场面：守门的张义、父亲的手杖、妻子撞柱而亡、焚尸，撒在娴贤身上的瓜子仁、战场上的单筒望远镜、卷毛狗，直到夕照中墓碑似的竖立远方的小白楼。我用一连串细节和画面，叠加在读者的感受里，给读者一种"视觉"的冲击。我想我是像完成艺术品一样完成这部小说。

傅小平：您倒是给了欧阳觉和莎娜交往这部分一个特别突出的画面。他们之间语言不通，整个交往也集中在一个很短的时间段里，要让人信服这种感情的真实性，是考验写作难度的。您写到他们之间连猜带蒙比画交流，可以说是整部小说里特别有趣的一个段落。这其中是不是融汇了您多年来出国交流的一些经验？

冯骥才：是的，这肯定跟我的经历有关。在二三十年时间里，出国次数太多。在这个过程中，会跟各式各样的人接触吧。我外语不行，常常遇到语言不通的情况，体会很深，也闹出过笑话。在这样一个交流的过程中，是有很多积累。所以在写小说时，比较容易找到那种现场感。

傅小平：读这部小说，读到写家族部分，感觉要不是一个有相当积淀的老作家，写不出那种深厚的文化底蕴。读到欧阳觉与莎娜爱情部分，又觉得要不是年轻作家，写不出那种燃烧的生命激情。从这个角度觉得诗人吉狄马加敬佩您到这个年龄还保有一种内在的，包括对人物的塑造、对文字叙述的激情，是有道理的。您写男女主人公爱情时，是一种什么样的状态？您在写的时候，有怎样的考虑？

冯骥才：一个年过七十的作家，写得这么有激情，是吧？王蒙最近写了一个《生死恋》呢。我想可能是作家岁数越大，越向往年轻的情感吧。是不是像写自己？我在散文诗《灵性》中写过这么一句话——和尚心里的爱情最灿烂。哈哈。

傅小平：说的也是。在我看来，这部小说写好欧阳觉的心理转换是有难度的。为什么这么说呢？您看，欧阳觉和莎娜经历爱情遭遇后，正处于激情状态，要没什么阻碍，倒可能慢慢淡了。但义和团运动来了，由此带来他们相思而不能相见的挫败，会让这种激情更加燃烧。刚开始，欧阳觉的确如此。他正因为千方百计绕道去找莎娜，被义和团团民逮住，经历了一番生死考验。之后，他的感情慢慢起了变化。小说下篇第六节义和团和联军发生遭遇战后，欧阳觉又见到小白楼，您写道："他对那个小白楼不再是一种单纯的渴望和神往了。原先那种听任于生命本能的激情与动力，依然渐渐淡化和消散。"后来听到莎娜受辱，欧阳觉混乱不堪的脑袋里想象的她，变得全都是最可怕的，最屈辱的，最绝望的，也是他最不堪忍受的。我想知道在写欧阳觉心理变化的过程中，您经过怎样的推敲？

冯骥才：欧阳觉的想法之所以有所变化，应该是受了三师兄的死的冲击，他有一点良心的谴责。三师兄挺信任他的，一开始就没把他当奸细。就欧阳觉那么一个书生，一个细皮嫩肉的人，能被这样信任是不容易的。当三师兄把一堆团民的衣服扔给他，就是把信任放在他身上了。后来在树林里，三师兄誓死为大师兄复仇，把自己手指头割掉，欧阳觉被三师兄的义气震撼了。可是到了租界里，三师兄让他跟着一块儿冲，他却怂了。结果，一个炸弹下来，把三师兄炸死了。这些都对欧阳觉良心上有冲击。还有，有大约一个月的时间，欧阳觉困在义和团里，他接触了各式各样的人，他们是普通人，没坏人，也挺英勇。这是他以前没见识过的，他生长在富裕人家，第一次与这些讲义气的草莽英雄相处，不由多了一份钦佩。这里发生的一系列事情，让他们偶然间发生的情爱的遭遇，变得隔膜了。当他后来知道，莎娜也一直在找他，并且因为找他而受辱，生死未知，他就觉得更渺茫了。

四

傅小平：刚才我们说到义和团运动，这实际上是您小说里浓墨重彩叙述的一部分，虽然读者注意力可能会比较多聚焦在欧阳觉和莎娜之间的爱情遭遇上。

冯骥才：在结构上，到了小说"下篇"，我把他们的爱情遭遇融化到义和团运动这么一个大的时代背景里去了。我让欧阳觉在莎娜所在的租界和他家开着店铺的老城两边来来回回跑，这其间发生了很多故事。你看，欧阳觉要去小白楼吧，发现自己过不去，于是就绕着走，也是在这时，他被义和团劫了，他被劫的地方就是高家村，这对于义和团运动这个事件，这里是一个很重要的地方，刘十九的总坛口所在地。这里有许多民间传说。

傅小平：您让欧阳觉被逮以后，千方百计想从里面逃跑，却怎么也跑不出来，是不是因为想好好写写这个地方？

冯骥才：你判断得非常对，我正是利用这一点，把高家村写了，把刘十九十分神奇的坛口写了，虽然是从侧面写，比正面写更有传奇性。从头到尾，我都没让刘十九这个人物出场。我也不让读者知道他怎样一个结局，为了给读者留下想象的空间。在历史上，刘十九实际是被教民抓住了，被教民们大卸八块后，泡在一个咸菜缸里。我原本想给这个传奇人物写一个中篇，现在干脆不写了，就放在这部小说里了。

傅小平：在写这段历史时，您在史料上，为这次写作，做了哪些准备？

冯骥才：以前写《义和拳》时，这些历史文献、材料、档案、书籍看了很多，这是必需的。主要是两部分。一部分主要是清末民初的官员和文人写的，他们把义和团作为拳乱来写。还有一部分是外国人写的，像《天津插图本史纲》《庚子使馆被围记》等，都把义和团作为土匪、暴民来写。这两部分资料，都认定义和团运动是一场暴乱，团民们自诩的刀枪不入都是骗人的。历史上没有一页义和团自己的文献。

傅小平：无论这么认定是否恰当，我们能看到的都是他者的视角。有必要听听亲历过这一事件的人是怎么说的。两相对照，我们才会有更客观的认识和理解。

冯骥才：特别值得注意的有一份口述调查资料。1958—1960 年，南开大学历史系与天津历史博物馆合作，组织学生对那些曾经参加过或支持过义和团运动的老人进行了广泛的口述调查。那个时候，即使是当年参加义和团时年轻的，都差不多有八十了嘛。这些学生在这次采访中，差不多跑遍了天津市区、郊区和附近一些县的村镇，走访了123位义和团骨干、团民、红灯照师姐和千余名亲历过义和团运动的老人，记录了几十万字的口述资料。他们后来又分别在1972年、1974年和1975年进行了三次大规模的调查报告，获得了大量有价值的义和团与农村社会的口述资料。他们的采访对象中，就包括了义和团的大师兄沈德生、二师兄李长庆、三师兄张金才等。这个项目总共采访了1114人，最后整理出来的资料和大量的历史陈迹品，都陈列在天津档案馆里。这些义和团当事人发出的声音应该是研究义和团运动历史的最珍贵史料了。可是至今也没有人研究和整理这些资料，我却能感受到那个历史生活的本真。

傅小平：除了阅读史料，您自己做过调查吗？

冯骥才：我在70年代也做过一些调查，我采访的人里面已经很少当年的团民，义和团时十几岁的，当时都是九十岁以上的老人了，我的采访是间接性的。唯一珍贵的调查是在廊坊访问到一支乐队，由西穆尔率领的八国联军和义和团在廊坊一带打过一次遭遇仗，这支乐队就是在打仗的时候派上用场的，他们干的事就是在团民们进攻的时候，奏鼓动士气的曲子。打完仗后，为死者奏哀乐。这支乐队当时还保留着，我和天津歌舞团的人一块儿去做调查，还做了录音。这些奏乐的人是团民的后代，演奏的曲子全是义和团当年的曲子。这些乐曲让我对义和团有了更深切的理解。

傅小平：总体感觉，您写义和团这部分，写得特别冷静、克制，字里
行间没见出您主观的评断或批判。反倒是通过欧阳觉的视角能感
受到，您对义和团兴起给予了理解和同情。我觉得，这是走近并
理解历史的一种很好的立场。

冯骥才：我整部小说都采用欧阳觉的视角，这使得我与义和团拉开距
离。用他的所见所闻，把义和团的方方面面呈献给读者，让读者
自己判断。实际上，义和团团民就是一群没文化的农民和穷苦的
百姓，他们进城，连武器也没有，带根打狗的棍子就来了。他们
只知道穷是怎么回事，活不下去了，凭着一股热情就来了，来了
也不懂打仗，知道洋枪洋炮厉害，只能借着神佛的名义，但画符
这一套在战场上行不通，便一片片死在沙场上。我就想把这一群
老百姓真正的处境、状况给呈现出来。

傅小平：还真是，在三师兄、朱三等人物形象中，能读出您在《俗世
奇人》里写到的那些人物的感觉，这些人物应了"怪世奇谈"中
的"怪"和"奇"俩字。

冯骥才：但是《单筒望远镜》与《俗世奇人》不同。《俗世奇人》要
写出天津人的集体性格，从文本到语言都是专门设计的。但在
《单筒望远镜》中没这个想法。只想对比中西文化。《俗世奇人》
写地域性格，里面三十多篇写到一百多个人物。天津人的幽默、
强梁、义气、戏谑、厚道，我想我把这些写出来了。你要是在天
津待三个月，你会发现你了解的天津人，基本上就是我写的那

样。但这部《单筒望远镜》里的义和团的几个人物，我更受民间文学影响大一些。你看我在二十多年里，都在做文化抢救，民间文学抢救的工作。很多人都以为我不写东西了，但实际上我一直在写，只是写的不是小说，也不单单是文学作品，我写了一些我自己认为我写完都没有人看的东西，因为我写的大部分是文化档案，比如说在河南滑县，我们发现了一个年画产地，是2006年发现的，那个档案二三十万字，基本上是我写的。这样的书，我相信很少有人看，我们做的大量事情是没人关注的。但是这期间民间文化对我的影响是深刻的、无形的。可是我在写《单筒望远镜》时，我发现这影响跑到我的笔下了，比如民间立场、民间情感、民间韵致与味道。具体到刘十九、三师兄几个人物，不知不觉受到这些年接触的大量的民间史诗、传说、故事的影响。因此我喜欢我笔下这几个人的气质。这是多年来民间文化抢救给我带来的文学的回报。

傅小平：《俗世奇人》里的人物各有各的个性。当然，这些人物也的确有共性，该是他们身上都有天津人的那股子"嘎劲硬劲戏谑劲"吧。您在《我与阿城说小说》里说道，您写《神鞭》《三寸金莲》这类小说，不单写神写奇，还成心往邪处写。这因为您写的是天津。天津这地界邪乎，有那种乡土的"黑色幽默"。不邪这些劲儿出不来。一邪事情就变形了，它的包容性和象征性就大了。

冯骥才：这么看吧。人的性格分两种，一是人的共性，二是人的个性。共性，比如民族性，鲁迅先生表现过。还有一个是地域人的集体性格，比如，美国作家喜欢描写西部牛仔，阿·托尔斯泰写的俄罗斯性格，鲁迅先生写的生活在鲁镇上的人们，等等。我尤其佩服鲁迅写的地域性格，阿Q这个人物我认为写绝了。一个作家如果没有给文学留下几个独特的叫人们记住的人物，就算不上好作家。我们应当看到，鲁迅写阿Q时是把中国人集体的共性作为阿Q的个性来写，在古今的小说中，没人这么写的。我们知道，阿Q这个人在生活里是没有的，但我们每个人看这部小说时，都能在里面看到自己的某一点影子和基因，这是《阿Q正传》真正绝妙的地方。也是鲁迅留给中国作家一笔重要的文学遗产。就是把一种共性（民族性）当做个性来写。我们写地域性是否也能这么写？

傅小平：我想有人会问，您说您爱笔下的天津人，还把他们写得这么惨。尤其是欧阳觉的妻子庄娴贤，任劳任怨的，是典型的中国式贤妻啊，最后死得很惨。

冯骥才：我这部小说有两组人物最重要。一组是男女主人公欧阳觉与莎娜。还有一组是两个女子：庄娴贤与莎娜。我把她俩作为中西文化的象征来写的。庄娴贤贤惠、温婉、忍让、自律，是一位典型的中华文化养育出来的淑女；莎娜却是西方文化中生成的女性，自由、率性、开放、自我。这两个人交织在欧阳觉身上也是一种文化冲突。而在更大的历史冲突中，这两个女子命运都极其悲惨。我有意让这两个女人的"结局"像两把刀子插在欧阳觉的身上。我的主人公全是悲剧人物，全是无辜的。但最无辜的是庄娴贤。我在写她惨死的一幕，不忍下笔，最后想到的细节全没写，只写了一个画面。在史料中，天津被联军屠城时，大量城中女子被奸污……在写莎娜在站笼里时，我"看"她把自己的脸抓烂了，但也没有写。我不忍叫这可爱的法国女孩子给读者留下如此狰狞可怕的印象。她们都是殖民时代的牺牲品，她们最后的遭遇，应该能唤起读者对人性的关切，对历史的反思。

傅小平：这回到这部小说反映的中西文化碰撞的主题了。前些年很是盛行"文明冲突论"，而近些年各国贸易摩擦有加剧之势，也似乎印证了这个论断。

冯骥才：应该是中西文化冲突的问题，一直没有解决。亨廷顿说，世界有七大文明。这些古代文明，都是在相对封闭的情况下各自发展的，相互之间有很大的不同，也因为不同，当它们开始接触的时候，猜疑和冲突就在所难免。在这样的情况下，交流就显得尤为必要，而交流有时候是以贸易的方式发生的，我们都知道丝绸之路，但我们不要忘记，丝绸之路上，也伴随着冲突。我在《人类的敦煌》里，就写到了这一点，但我们很少提，也很少做反思，但西方人有反思，萨义德的《东方学》和亨廷顿的"文明冲突论"，都是反思的结果。遗憾的是这种"结果"仍然没有脱离西方中心主义和西方人在殖民时代形成的东方观。我认为，在东西文化之间，交流才是符合人性的，所以有必要对殖民时代文化的历史进行再反思。在小说里，我让欧阳觉和莎娜在一些章节中表现出交流与沟通的快乐，他们都想弄明白对方，把自己的意思告诉对方，而在这样交流和沟通的过程中，他们主动、积极，同时感受到了真正的快乐。历史告诉我们，中西方文化碰撞中导致的悲剧多是源于不交流，拒绝交流的吧。

五

傅小平：就我的印象，您的小说故事多是发生在天津。您的部分散文作品，也是写的天津这座城市，这座城市给您打上了很深的印记，所以您一般会被认为是写天津的作家，或天津作家。吉狄马加把您和邓友梅、汪曾祺、沈从文、孙犁等作家联系在一起品评，应该也有几位作家都有强烈的地域色彩的考虑吧。不过我想，作家写城市，写地域，却未必希望自己被看成是地域性的作家。如果是这样，就怎样在写地域的同时，写出一个更具普泛性的文化世界，您有何见解？

冯骥才：作家一般都写自己最了解的东西，像巴尔扎克写的巴黎，肖洛霍夫写的哥萨克，老舍写的北京，贾平凹写的商州等等，我写天津。但你写了一个地域，不是说你就是地域性的作家。这其中的关键在于，你写的东西是不是注重了这个地域的文化个性，是不是让它在审美层面上也立住了，并对这个地域及其人有了新的认识，同时塑造出独特的人物来，那你才是写地域性的作家。从文学价值看，地域作家都是超越地域的。

傅小平：我注意到，您比较多写清末民初这个时间段的天津。

冯骥才：在这一点上，我受了法国年鉴学派的一个观点的启发。2000年，我到法国去做民间文化遗产的调查，在那里待了几个月，遇见了法国一些史学界的人。其中一个法国年鉴学派的学者对我说，一个地域人的集体性格有一个特点，就是说它在某一个历史阶段表现得最鲜明、最充分。这个观点，引起了我非常大的兴趣，而且确实如此。你看，像上海，地域性格表现最充分应该是在上世纪三四十年代，就是张爱玲、周璇风头正盛的那个时期，什么旗袍啊，电影啊，时尚文化啊，都有标志性的。在之前，像小刀会时期，还有解放以后，上海味都不足了。要说北京味最足的时期应该是在清末，老舍写《茶馆》和《骆驼祥子》那个时期。天津的话，突出表现在清末民初这个时间段。因为这是天津新旧交替、华洋杂处的时代，有各种各样的冲突，天津人的集体性格就被激发出来了，它表现得特别突出。当然，我写当代的小说，的确写得比较少一点，我以后会写。

傅小平：我不怎么了解天津，但我想，您的语言该是有浓郁的天津味的。

冯骥才：我的叙述语言，是带有天津地方气质的语言，有一种嘎劲、调皮、挑逗。我写的小说都不太长，《俗世奇人》里的小说更短，地域特点也就更强烈。

傅小平：总体上感觉，您的语言偏于白描，您对人物的塑造，包括写的对话，也很有特点。透过您的语言，也的确如吉狄马加所说能看出您内在的修养。我能感觉到您继承了汉语言文学的传统。不过想进一步问问您，这样的传统，包含了哪些内容，您又是从哪些方面习得了这些素养？在您看来，什么是好的语言？

冯骥才：语言的问题很重要。有人说网络上有很多好的段子，能不能成为好小说？我说不能，因为它使用的不是文学语言。文学必须是审美语言，中国人是讲究文字语言的，尤其我们中国人。你看看我们的文学史，由于诗歌成熟在前，散文成熟在后，我们的诗歌影响了我们的散文，看看我们唐宋八大家，看看我们的《赤壁赋》，看看我们的《醉翁亭记》，这些散文的意境是诗的意境，散文的语言有些是诗的语言，诗的语言最大的讲究，就是讲究方块字的应用，讲究文字的韵致与滋味。就我自己的语言，我喜欢白描，追求单个字的精致，这样形成的文本，就会精练。说到从哪里学习来的，受阅读的影响吧。我们这代人，古典文学看得多。我就比较喜欢古代散文。喜欢他们锤炼字句，讲究流畅，又有音韵。另外，我在搞文学之前，有十五年的绘画经历。这当中，仿古画比较多。古代绘画有一个特点是，文学性很强。无形中使我写散文、写小说也注重画面感。当我把小说的某一个情境融化为一个画面时，特别有写作快感。这也是当年留下的职业病吧。

傅小平：这些年您散文写得比较多，就是说您一直没停止文学创作。但您时隔二十多年，写了《单筒望远镜》，倒真是给人有一种重返文坛的感觉。

冯骥才：我应该说是重返小说写作。至于给人重返文坛的感觉，也可能是我把太多的时间和力量用在文化保护上了。媒体对我这方面做的事太关注了，就把我的散文写作掩盖了，把我绘画也掩盖了。我想起谢晋曾对我说，你的战场太多了，分散了人的关注力。没办法，我现在仍是"四驾马车"：文学、文化遗产保护、绘画和教育。

傅小平：倒也是。您写小说，也写大量非虚构作品。这两种不同的写作方式，您感觉有什么不同？现在读者似乎对虚构作品颇多不满，反倒是对非虚构作品抱有更大的信任感，您持何种判断？

冯骥才：一方面似乎是现实把所有空间都塞满了，作家严重地缺乏想象力。"玩文本"把文学引向歧途。一方面，生活有时真是比作家更要有创造力。生活创造出来的人物和事件，往往匪夷所思，远远超出作家的想象。

傅小平：有同感。不妨举例说说。

冯骥才：我在为写《一百个人的十年》做口述调查时，听人说过一个故事。他被关在一个地方，曾有七次想自杀，都自杀不成。他就想到一个办法，吃苍蝇把自己毒死，就收集苍蝇，大把大把地吃苍蝇，结果呢，他反而吃胖了，因为苍蝇是包含蛋白质的。还有一个人跟我说，他弟弟被关在劳改营里死了，叫他去收尸，他看见弟弟躺在一块木板上，身体比木板仅仅长出五公分。肚子塌陷下去，是饿死的。他到了弟弟身前准备擦尸，解开衣服，发现肚子上贴了一张纸，反面都写了字，写的什么呢，是一个菜单。他弟弟临死之前把喜欢吃的菜都写在了那张纸上。这样伟大的细节恐怕托尔斯泰也虚构不出来吧？非虚构靠什么，靠的就是真实的力量，非虚构能把这种力量，把生活本身赤裸裸地呈现给读者。但非虚构代替不了想象，代替不了审美。虚构是从生活里升华出来的，艺术是表现生活中没有的东西。贝多芬的音乐不是大自然的声音。现实世界也没有八大山人的墨荷。要是只有非虚构，也就没有了唐诗宋词，它们不都是用想象、用虚构、用非凡的美创造的吗？

六

傅小平：我想，多半会有人说，要是冯骥才不把那么多时间和精力花在文化遗产保护上，他应该会写出更多有分量的小说。但反过来，这段经历对您写作的影响是显而易见的。吉狄马加说，您对天津的书写，是一种带有风俗性的，人类学式的书写，或许就包含了这样的意思。您认可吗？在您看来，写文化，写风俗等，以及有人类学的观照，对于小说写作有何重要性？

冯骥才：马加的这个说法，叫我心里一动。这是一个很深刻的看法。他的话碰到了我心里的一些东西，叫我事后认真去琢磨。我在那次发布会上也说，这小说在我心里放了很久。我就觉得吧，写小说的时间不一定太长，但放的时间一定要长。时间长，人物才能活起来。一旦你觉得他们好像你生活中认识的人，就可以下笔了。我说的放很久，当然包括文化、风俗、社会这些东西的相互浸润。所以那天我说 20 年来，文化遗产抢救虽然中止了我的文学创作，对于我也是一种无形的积淀与充实，就是这个道理。因为这段风风火火文化遗产抢救的经历，让我对文化的认知和土地融为了一体。而且这当中，我是不带任何功利性的。在对充满危机的民族文化命运的思考和抢救行动中，自然而然融入了对老百姓的浓情厚意。我去过晋中的后沟村四五次，有一次去那里参加一个会，从戏台上讲完话下来以后，几个老大娘就拎着草篮子，里面装满了大红枣，非要塞给我们。我们后来自嘲说，我们都成八路了。这是一个方面，另一个方面是我们为这些村落做了村志，为他们的各类民间文化做了大量的科学的文化档案。这些大量的感性和理性的积累，使我再下笔写作就不同以往了，就有了风俗性和人类学的气息。我想想，这些年跑的地方实在太多太多，做了大量的事情。不少民间文化通过国家非遗评审，进入国家名录。我提出的传统村落保护的概念，也得到了国家认可。现在已经有四千多个村落进入国家的保护范畴，国家都拨了经费。去年，我们做了少数民族传统村落的田野调查，和对传承人定义的学术研讨。今年，我们将举行古村落空心化问题的研讨，还要对木版年画艺术的世界进行学术的构建。

傅小平：这些具体性的事务里面，自然是涵盖了文化学、人类学的方方面面，但这更像是一个专家、学者做的工作，这些东西对一个作家意味着什么？

冯骥才：当这些东西进入文学，重要的是转化为一种感情。我与单纯的学者是不一样的，我在对这些大地上的田野文化进行调查时，会情不自禁地用文学情感去感受它。所以这二十年来，我写了很多田野散文、乡土随笔和一些抢救事件的全记录。生活中最深的是文化，可以说，二十多年的文化调查使我的写作更有底气。

傅小平：以我的理解，您所做的文化遗产抢救和保护，从更宽泛或更高的意义上讲，理当是中华文化复兴的一个组成部分。我读《意大利读画记》的过程中，就感觉到其中包含了您对中华文化复兴的一些思考。这本书中描绘的意大利文艺复兴的辉煌景象，以及后世对本民族文明成果的呵护，包括您说到意大利人在文化遗址保护上从"整旧如旧"到"整旧如初"的新思维，的确对我们有所启发。

冯骥才：复兴不是再现。历史是向前，不可能再现过去。复兴是顺应时代变革的需求，以先进的思想精神，创造崭新的历史辉煌。文艺复兴对人类历史最大的贡献是它的人文精神，是对人性的解放。意大利人对伟大文艺复兴的敬畏尊重，表现在他们尽善尽美地保护每一处历史遗产及其细节。这使我这自诩有着五千年文明史的中国人汗颜。

傅小平：《意大利读画记》里也谈到了风俗。尤其是其中《爱情可以弄假成真》一篇写到维罗纳人"创造"了朱丽叶故居，让传说变成了"事实"，读后印象深刻。你会发现，意大利人专注于美的发现与创造。由此联想到您在《漩涡里》一书中批评西方读者"只关心中国人的病，不关心中国人的美德与美"。不过您早年的创作其实挺关心"中国人的病"的。同时，在《激流中》一书里，您又写到中国人对传统的矛盾心态，我们反对一些传统，但真正走近了，却有可能不自觉地为传统着迷。在您看来，对传统以及风俗应该持怎样一种理性的态度？

冯骥才：这里面有复杂的东西需要思辨。比如说，八十年代我们反传统，因为那时我们被传统锁链锁得太紧，就想着怎么挣脱。但改革开放以后，尤其是到了90年代之后，消费主义起来了。社会要用消费来拉动经济发展，就要刺激人们的消费欲望，物欲被扩大了，势必会轻视了具有精神价值的东西，丢掉了传统中一些好的东西，文化的根脉随之中断，于是我们又掉过身来抢救我们的文化遗产了。当然了，我们要保护的东西，实际上也混杂着文化的负面。比如我们这些年致力于抢救的木版年画来说吧，其实就有大量的金钱至上和拜金主义。因为我们是一个比较重现实功利的民族，追求现世报。所以，佛教进入中国后，逐渐被我们功利化了。所以，其中有太多问题搅在一起，需要加以甄别和思辨，但这些我们来不及去做。我们只有先抢救下来再说。即使这样，当初我想保护的东西，一多半没能保护下来，我都是眼睁睁看着它们在我手里消失的。所以，说句老实话，我是失败者。我不多说了，我全写在《漩涡里》里了。

傅小平：那可不可以有一种更坦然的姿态呢？收入《意大利读画记》的《结识里卡尔罗》一篇里，您谈到西方国家并不关心广泛存在于民间的非遗，没有非遗名录，也没有政府确认的传承人。他们更倾向于让传统技艺在历史的常态中自生自灭。因为民间的规律，就应该让它顺其自然。写到这里，您止不住感慨，当一种历时久远的美妙的古艺在不知不觉中悄然无息地消亡了，不是一种悲哀吗？您又写道，当下我们所干预的民间文化不恰恰是愈来愈没有民间性了？这中间有没有更好的途径？我觉得这是发人深省的发问，您触及了一个悖论性问题。

冯骥才：你说的都是我的思考。当你真的站在时代文化的漩涡里，你陷得愈深，就愈感到矛盾、孤立、无援、无奈。因为你处在文明的转型期，所有问题别人都没有经受过，你的思想和理论全靠你自己。可是甘心与你为伴的人又极其有限。我的苦恼是常常怀疑自己。一会儿豪情满怀，一会儿感到自己在"螳臂当车"。从心理的深处说，我一直处于矛盾之中。这也许是我们这一代知识分子的宿命。

傅小平：或许有人会说，何苦费力保护文化遗产，以及抢救那些濒临消失的民俗呢！有时付出很多努力，起到的效果也是事倍功半。更有效的办法，岂不是进行创造性转化，比如让年画改换一个形式，在新媒体上加以呈现，让它们即使在当下依然能受到欢迎，并发挥实际的效用？但我能想到，您未必赞同。您在《应保持我们春节的仪式感》一文中就认为，追求传统节日的现代表达，是一种误导。

冯骥才：市场化的文化是娱乐文化。娱乐文化是一种浮浅的平面的文化。所谓"现代表达"就是将年文化向娱乐化市场化引导。节日对于一个民族首先是精神的。其中的核心是传统精神与精神传统。在时代转型期，让自己的文脉不被中断才是最重要的。中国的年文化与西方的圣诞文化不同。圣诞靠宗教支撑，它的仪式是严格的，硬性的，不变的。中国的年文化靠民俗支撑，相对脆弱，如果再随意改造，便会很快瓦解。春节是中华民族最重要的节日，它何去何从，不能不思考。

傅小平：换句话说，作为一个作家，写好一座城市或一个地域，是否也是对它的一种爱惜和保护？问题是，要"写好"真不容易。尤其是年轻写作者，普遍被认为没能写好城市，没能写出有代表性的城市文学作品。在他们笔下，城市就是一副物欲横流的面貌，唤不起人们的爱惜之情，更不要说让人生出像帕慕克对伊斯坦布尔襄有的那种"呼愁"的深层情感了。所以，您在《意大利断想》一文中说："城市，不仅供人使用，它自身还有一种精神价值。""你若把它视为一种精神，就会尊敬它，珍惜它，保卫它。"读后有颇多感慨。从这个意义上，评论家何向阳吁请作家"写出城市的魂灵和血脉"，有其鲜明的现实针对性。在这一点上，您应该说做到了。所以，想请教一下您在城市写作方面，有什么好的经验？

冯骥才：我赞成向阳的呼吁。尤其现在我们城市的文化正在瓦解。二十年前我在央视呼吁警惕"千城一面"，现在不幸已经成为现实。现在所有城市的文化都是"大锅烩"。年轻作家要找到自己城市的灵魂恐怕要费更大的劲。我爱天津这座城市，我在这里生活了大半辈子，早先日子很苦，有十五年的时间，我当业务员，就骑着车满街跑，看过各种底层生活，尤其是在"文革"的时候，家也被抄了，我就生活在底层，三教九流认识太多了，也是耳闻目染。后来当了作家，我就觉得你爱这个地方，你才能当作家。你看法国巴黎，能保护得这么好，就得益于三个作家，雨果，梅里美，还有马尔罗。因为他们爱巴黎，这个爱，当然不是抽象的爱。我觉得，作家一方面要对一个城市有自己的认知和理解，这种理解也不是说看看关于一座城市的历史书，文化书，就能获得的。这需要写作者在城市的烟火里、皱折里苦乐生活，生发出对它深切的感知。如果没有这些苦乐悲欢的感知，你就进入不了城市的灵魂。还有一方面，你要爱一座城市，你对城市要有一种深刻的，可以为之付出的爱。当然，这得是一种作家式的爱，里面融入了你真实的情感，也有你独立的思考。当然这个积淀，不只是一个简单的生活素材的积累，其中还有对历史的思考、对文化的认知，更重要的还有不经意重重叠叠的积累。这种积累，放在小说里，最终还是要通过人物的个性和命运体现出来的。我的体会，作家对自己城市的感情是一种神圣的感情。我写到《单筒望远镜》结尾屠城的时候，我流泪了。我为我的城市流泪。我写作很少流泪。还有一次是写《一百个人的十年》那篇《拾纸救夫》的时候。

傅小平：就是这样。您不只在写作上，还在保护和抢救文化遗产等公共领域投入了感情。以我的观察，当下作家们即使走出书斋，或跨界也多是为了谋求更大的名誉和利益。您似乎主要是为强烈的社会责任感所驱使。您认为，作家担当社会责任重要吗？要因为这样的担当影响了自己的创作，岂不也是一种遗憾？

冯骥才：遗憾当然有。但在责任面前就微不足道了。实际上，责任也是一种爱的体现。对一个事物，就像对你自己的孩子一样，你要是不爱他，你就不会把他的事当成你自己的事。爱不仅仅是喜欢。喜欢不一定与你有关系，爱会融为一体。你要把一座城市当成自己的生命的一部分来对待，你就有了责任感了。那么，我写《单筒望远镜》，实际上也有一点使命感的。我想把 1900 年 7 月八国联军对天津屠城的历史留在小说里，我想记下自己的城市和曾经那一代经历的苦难。这座有着六百多年历史的城市，在那次空前惨烈的屠城中几近灭亡。2000 年 7 月，天津屠城一百年的时候，我写过一篇文章，给了媒体后，他们觉得这里面有点排外的意思，就给否了。但我想，南京大屠杀我们要纪念，天津屠城的这么一个由八国联军联合对一个城市进行的旷古未闻的事件，为什么就不能纪念。这样一个事件，如果在西方国家，肯定是要纪念的。所以，这对于我来说一直是个事情。当你把这么一个事搁在心里，它是有分量的。现在我终于把它写出来了。为了自己城市的记忆，也为了一种尊严。

文与画的两全其美

——文学与艺术

时　　间：2002 年 8 月 29—31 日
地　　点：天津
问话人：周立民（复旦大学中文系中国当代文学专业研究生）
答话人：冯骥才

作家抓住了生活的脉搏

周立民：该谈谈文学了，毕竟它是你的老本行，尽管"爱好文学"在
　　　　现在一些人眼里差不多就是精神不大正常，但我相信在每个作家
　　　　的内心深处都有着对文学，特别是自己对文学痴迷岁月的刻骨铭
　　　　心的记忆。所以，我想请你谈谈你是怎么走上了文学道路的。你
　　　　好像与别人不大一样，最初是学画的吧？

冯骥才：我喜欢文学很早，开始是诗，同时喜欢绘画。上中学时，在
　　　　学校里，我就既是文科课代表，又是学校美术组组长。当时我个
　　　　子就很高，还是那个地区篮球学生联队的中锋。1961 年高中毕

业，当时我有两个选择，一个是考美院，一个是考中文系。我从未想过当作家，我的理想是画家，所以报考了中央美院。我自十几岁就师从两位画家。一位老师宗法北派，属于雄健刚劲的水墨画法；一位老师在北京，是湖社画师，擅长南宗小青绿山水。所以南北两派的方法我都学了。那时学画，必须过临摹关。后来到国画研究会工作，专事临摹。主要是做北宗画家郭熙、马远、刘松年、苏汉臣以及张择端的作品摹本。

周立民：这很专业啊！许多作家都是后来出了名才画画儿，那是文人的闲情逸致，是玩，你显然不是，你这是科班出身。

冯骥才：而且是科班工作，干了十多年。

周立民：那考中央美院一定不成问题吧？

冯骥才：初试很容易通过了，但最终没有录取，主要是家庭出身问题。我父亲是资本家。那一年毛主席在广州会议上连说了三句"千万不要忘记阶级斗争"。这三句话——实际上内容是一句话，改变了我的一生。

周立民：你兄弟姐妹几个？

冯骥才：我上面两个姐姐，下面两个妹妹，一个弟弟，共六个，我排行老三。"文革"的时候，天津的抄家和打人很凶，具体过程就不说了，但"文革"对我们这代人的影响非常深。去年我在一篇《马年的滋味》中写过，抄家时我有过几十秒钟的"神经错乱"，但顶过来了。所以，我们的身上没有王蒙他们那种"共产主义的情结"，脑袋里也没有"社会主义文学"的概念，我从没有过"在红太阳下长大"的感觉。我年轻的生活充满政治歧视、威胁感以及内心恐怖。我早期与文学的关系主要是爱看书，包括很多翻译小说，我喜欢的书都是批判现实主义的。

周立民：巴尔扎克……

冯骥才：还有托尔斯泰、雨果、契诃夫、屠格涅夫，等等。罗曼·罗兰对我影响也较大。我读古典文学除去爱好，也和中国画有关。中国画不只题款是文学，画中也强调文学性。

周立民：所谓"诗中有画，画中有诗"。

冯骥才：中国画讲意境。西洋画没有意境的概念，只有境界的概念。所谓"境"，是指空间境象，就是可视的空间形象，就是画；所谓"意"，是指内含的意味，就是文学性，就是诗。意境是对诗画相生、诗画一体的高度浓缩。

周立民：这是中国画与文学的天然联系。

冯骥才：我画画时，最大的业余爱好是看欧美和俄罗斯的小说。但我从不看"苏联文学"，只看俄罗斯文学。我看书丝毫不是为了当作家做准备，我从来没有想到我会当作家。我就是带着这样的背景进入"文革"的。"文革"中，我的家被毁掉。全家人一无所有地被赶出来。我和爱人是在一间寒冷的小破屋中结的婚。

周立民：不看苏联文学？这个背景好像也与王蒙他们不一样，他们是看了大量的苏联文学，并且在早期的作品中，明显能找出苏联文学的影子。

冯骥才：我走上写作道路非常偶然。我的一个朋友叫刘奇膺，湖南人，在市内一所女子中学教语文。他和我有同样的爱好，喜欢书画。他酷爱吴昌硕，爱得如痴如狂。20多岁的时候，我们经常为绘画上的问题在一起谈一个晚上。

周立民：这也是充满着理想色彩的事情。张炜在一篇题名《炉火》的文章中，也回忆起大家围坐在一起，毫无功利地争论某一问题的感人情景，而现在谈起这些，真有白发宫女说天宝遗事的味道。

冯骥才："文革"前，他被调到郊区的一所中学，没有想到"文革"中间，那些与他关系最好的学生跳出来整他。他有一个毛病，爱说梦话。这些学生白天斗他，晚上守着他，记他的梦话，第二天就问他说的梦话是什么意思，他哪里知道自己都说的什么？几个月下来，他的精神乱了，根本睡不着觉，要崩溃。那天他被从牛棚放出，就到我家来，外面下着大雪，进来他就问我有烟吗，我就把一盒战斗牌香烟从中间掰开说抽吧！我们两个抽了满屋子的烟，他忽然抬着头，瞪着眼对我说：将来的人谁知道我们现在的经历、想法？恐怕没人知道了。那一刻，我就被震住了，忽然我萌生一个想法，把我们经历的一切记录下来。

周立民：用文字将它们固定下来。

冯骥才：我知道这样做的危险性，所以就把所写的人名全都改做外国人的名字；再署上外国作家的名字，如托·马斯曼、雷马克、库普林什么的。比如我把身边一个女人的遭遇就写成一个"克莱斯太太"的故事。我这么做是为了万一被人发现，就说是过去从外国小说上抄的。但这么做也很傻的，人家一眼就能看出，我写的这些都是残酷的现实，都是"文革"！我当然不会把这些东西放在表面。我把这些东西写在小纸片上，再一个个塞进地缝、墙缝，甚至是蜂窝煤中。放在蜂窝煤中的就比较麻烦，用煤的时候还得掏出来。我还把它们塞到厚厚的笔记本的封皮里，放在毛主席和鲁迅语录的后边。一度形势太紧张，我就把它们塞在自行车管里。

周立民：怎么听起来像当年做地下工作似的。这样担惊受怕的，干吗还要写？

冯骥才：现在讲可能就是一种历史使命感，但这种使命感是非常原始的。

周立民：这是以什么方式写的？记事，还是抒情？

冯骥才：有的记人，有的就是小说。从这个时候起，我其实已经走上了文学道路，而且尝到了写作的滋味。八十年代中期我写过一篇文章叫《让心灵更自由》，那是一个外国记者问过我一句话：你写的东西不能出版怎么办？还有自由吗？我说：出版的自由是别人给我的，写作的自由是我心灵的需要，最重要的还是保持心灵的自由。当年写在纸片上，至少有一百万字的东西。我写这些东西是没有任何功利性的，舍生忘死。在这样的过程中，我体会到了精神禁锢时代写作的本质，也触摸到了文学的神圣。反过来说，文学最神圣的东西，我感觉还是良心、良知、责任、使命，可能我们这一代人与其他时代的人不一样，也不能强求别人都这样想。

周立民：陈思和老师近年来在对 20 世纪文学史的研究中，曾提出了一个非常重要的概念，那就是"潜在写作"。他的解释是：有许多被剥夺了正常写作权利的作家在哑声的时代里，依然保持着对文学的挚爱和创作的热情，他们写作了许多在当时客观环境下不能公开发表的文学作品。

冯骥才：我同意他这个概念。"潜在写作"是原发的。它最能体现写作的本质。

周立民：它是与人的真实的内心状态紧紧联系在一起的，也是一些特殊的年代和特殊环境中的特殊表达方式。在这种写作中，作者容易避开那个时代的主流话语的规范，而表达出更个人的思想和情感。而且，在这样的环境下，还要写，一定是有不得不写的冲动和理由，这是比较纯粹的写作，也表明了没有什么能压抑人表达自我的自由。写作对某些人来说也是一种天性。

冯骥才：我当时写的小纸片，在漫长岁月的几次搬家中毁掉不少。唐山大地震时又毁了不少。现在还有一纸箱。

周立民：这批创作是典型的"潜在写作"，倘若有一天，花点工夫整理出来，是研究伤痕文学的重要资料，是伤痕文学的前文本。但你们这一代作家真正引起注意的，还是在新时期文学复苏之时。

冯骥才："文革"后，我住在人民文学出版社，改我的长篇小说《神灯》。这时《班主任》出来了，文学马上有一种解冻的感觉，我觉得我那些东西可以拿出来了。我几乎一口气用一个多月时间写了一部十万字小说。《铺花的歧路》，写红卫兵的。

周立民：那么长的作品，竟写得这么快?!

冯骥才：写完就交给人民文学出版社的总编室，他们看过马上就炸了，说冯骥才写了一个攻击"文化大革命"的小说。那时三中全会还没有开，卢新华的《伤痕》还没有出来，这样的东西有很大的风险。当时，韦君宜有个儿子，脑子有点毛病，他常到出版社帮忙给各个房间送报纸，我们俩关系比较好，晚上我写作没烟抽，他就跑到各屋给我捡烟头，到我屋子里掏出一大把往桌上一扔说："抽吧!"一天，他在总编室听到对我这部小说的议论，就在出版社的楼道上叫喊：冯骥才犯错误了，冯骥才攻击"文化大革命"。但韦君宜当时是支持我的。

周立民：她是出版社的一把手吗？

冯骥才：二把手，一把手是严文井。韦君宜虽然支持我，可是三中全会没开，中央还没有否定"文革"，她也不敢轻易表态。于是出版社就在1978年12月在北京的和平宾馆开了一个研讨会，主要是讨论三部有争论的小说：一部就是我这个小说《铺花的歧路》。本来，小说名叫《创伤》，但此时卢新华的《伤痕》已经出来了，不能再叫《创伤》了，就改作《铺花的歧路》。我想，如果这个小说写了就发，可能就是"创伤文学"而不是"伤痕文学"了，历史就是这样形成的。还有两部小说，一个是竹林的《生活的路》，写一女知青被人强奸后自杀了，因为是悲剧，是自杀，所以争议很大；还有孙颙的《冬》也有争议。人文社和韦君宜开这个会是想寻求支持，他们把茅盾请去了，并让我到台上去讲这部

小说，茅盾问我小说写的是一个什么故事，我那时很年轻，初生
牛犊不怕虎，一口气讲了二十分钟，把小说的情节讲了一遍，茅
盾当时就表态说：这是个好小说，但是这个人物不一定要自杀。
他还说：我并不反对自杀，该自杀就自杀，可是这个人物不一定
要自杀。

周立民：茅盾发了合格证，调子就定下了。

冯骥才：虽然茅盾肯定了，但在发表时还是有些障碍，李小林在上海
知道了这个小说，打电话说《收获》要，我就把小说校样寄去了，
发在《收获》第二期上。那一期正好有从维熙的《大墙下的红玉
兰》，因此这一期出来后，马上有读者来信，说我们两个一个是
中国的帕斯捷尔纳克，一个是索尔仁尼琴。

周立民：那正是一个新旧观念冲突十分激烈的时候。刘心武出来后，
我感到是打开了一个开关，调动了时代情绪，形成了一种强大的
时代共鸣。你看看，甚至你与卢新华的小说题目都很相近，说明
大家是不约而同地加入到时代的合唱中去的。

冯骥才：当时的文学走在生活的前面，人们心里想释放的东西很容易
在文学中找到喷泻口。作家随手可以弹响读者的心灵，并对社会
生活的脉搏十分清楚，但现在的作家好像找不到时代和生活的脉
搏了。是作家成了生活的旁观者，背对生活和漠视生活，还是生
活本身乱了，"心律不齐"了？

周立民：其实，现在作家也不是不熟悉当下生活，跟一些作家接触你
会发现，他们并不是书呆子，知道的事情也很多，四面八方、灯

红酒绿的事情都一清二楚，问题是现在作家的精神状态十分低迷，他们已经被这种生活淹没了，与你们那个时代作家精神高扬恰成对照。

冯骥才：作家应当自觉地站在平民——弱势群体的立场上写作，把自己置身于弱势群体之中。当时一部小说出版，收到的读者来信常常可以装一大麻袋，令人激动不已！读者跟你的内心相呼，情感相应。有时，他们一边写信一边流泪，字迹都模糊了，一打开信封一股强烈的气息扑面而来。被泪水粘在一起的信纸揭开时，会嚓嚓地响，很震撼人！

周立民：这跟老百姓表达自我的渠道单一可能有关。至于"民众代言人"，这个身份中包含着强烈的启蒙立场，在上世纪 90 年代以后，许多人不但自动放弃了启蒙的立场，而且还在反思启蒙心态，认为知识分子这是以高高在上的姿态来面对民众，或者去教导民众，这是不对的，所谓的"代言人"也是虚假的，因为知识分子是代表不了其他人的，这只是一个美好的理想。不知道你是怎么看这个问题的？

冯骥才：我没有放弃启蒙的立场。比如现在我们做的文化抢救，具有文化启蒙的意义。我仍然会收到天南地北的来信，这些信中对民族母体文化的挚爱令我感动。至于启蒙，是历史的需要；代言，是弱势群体的需要。除非你使自己与世隔绝，你只去"满足自己"或"自我满足"吧！隔绝的结果是无人理睬。

周立民：在今天，启蒙似乎变得更为渺茫，首先是新的一代人有着极

强的独立性，或者说个性的张扬和膨胀，在他们心中，没有圣坛
也没有真正的偶像，他们不会仔细去倾听一种声音并真正接受
它。其次，他们已经不需要代言人，他们自负的心态让他们以为
谁也代替不了他，他们不但是唯一，还是中心。再加上网络等渠
道的畅通，他们不缺少表达自我的机会，也觉得自己完全有能力
表达自己。还有一点，他们现在关心的不是精神问题，而是实实
在在的物质。面对着这样的新一代，不知道你是否想过：从80
年代走过来的你们，心中还有着梦想的你们，能做些什么或者要
不要做些什么？

冯骥才：此时，你的"梦想"两个字非常好。我喜欢傅雷对泰纳的评
价"为思想而活着"。思想有时也是一种梦想。那么活着是什么，
活着就是付出。为思想而付出，为梦想而付出。

周立民：你的话让我想起了巴金非常喜欢的一个法国思想家居友的一
段话：我们单为自己是不够的；我们有着更多的眼泪，为我们的
苦痛所流不尽的；我们有着更多的快乐，为我们的生存所享不完
的。所以，我们当有自我牺牲的精神，将这些用不完的爱奉献出
去。巴金非常喜欢这样的话，并且经常引用它。从一个社会和人
类发展的进程来看，的确需要理想，哪怕它并不真实，但至少是
在提升人的精神和灵魂，而不是下坠，坠到一团泥淖中。

艺术家的心灵可以转换，从而进入永恒

周立民：你写"文革"的很多作品中，总有一种人性美和古典情怀。
这让我想到了你的那篇《站在悬崖上的艺术家》，你不接受后现
代艺术，但你却并不保守。李欧梵说他是"徘徊在现代与后现代"
之间，你是不是徘徊在古典与现代之间的人？

冯骥才：你的说法很适合我。从古典意义上说，我是追求永恒的。艺
术家跟普通人最大的不同是他的生命可以转化，普通人的生命也
可以转换，转换到孩子身上，这是以肉体和血缘的方式，但心灵
是不能转换的。而艺术家的心灵则可以转换为文字、声音、色
彩，可以进入永恒。我看过巴尔扎克、托尔斯泰的手稿，上边布
满了他们一次又一次修改的痕迹，托尔斯泰说怎么能使你的作品
写得更好呢？那只有不断地修改。为什么？他要追求完美，只有
完美才能进入永恒。所以我特别理解吴冠中毁画的做法。他甚至
也把别人买走而且现在自己感觉不满意的画换回来，或者是买回
来，再毁掉。他不希望自己的作品中出现瑕疵。尽管做到尽善尽
美是不可能的，但完美是艺术的最终极的追求，也是最终极的
理想。

周立民：这种永恒或者美带给你的是不是即使在破碎的世界中，你依
旧可以发现美？

冯骥才：是的，这就是我在《感谢生活》里所写的。我写艺术家被遣

送到一个偏远的地方，荒凉而枯燥，可是当他看到一位乡间老太太做的泥娃娃时，感动得浑身颤抖，如在辉煌的艺术殿堂里。我们不都是这样吗？面对一片神奇的颜色或者是雨里的光线，突然被感动得不得了，生活中充满着片断的美，艺术家的工作就是把瞬间的美变成永恒的美。

周立民：美对于普通人来说，可能是光滑的平面，一滑而过了，可是对于艺术家，却是一根针，不断地刺激着他敏锐的神经。

冯骥才：文学家也是这样，他跟艺术家不同的是，他要进入思考。艺术可以非理性，文学无法非理性。如果哪位作家说，我是非理性的，那也只是一种理性的非理性。

周立民：作家同时要是一个思想者，否则，他的文字只是一碗没有味道的白开水。

冯骥才：我这两年写的"俗世奇人"系列小说，都是从文化层面进行考虑的，跟《三寸金莲》的写法不完全一样，我多少受一点法国的文化史年鉴史学派的影响，他们认为文化是有年鉴的，它总是在某个特定的年代发挥得最充分，就像花一样，有的是春天开，有的则是秋天开。城市也是，天津最有魅力的是在清末民初，它是这城市的转型期，随着租界的开辟，现代商业进入天津跟本土的文化相碰撞，三教九流都在天津，人物的地域性格非常鲜明和凸显。当然，我主要是通过写地域的集体性格，来写地域的文化特征。

周立民：这好像是中国画的表现方式，和巴尔扎克那种先铺垫再写人不太一样。奇人、能人，在民间一直是调动大家情绪的东西，从民俗的角度看也比较有意义。

冯骥才：你的话正是我写作的动机。中国画的人物画常常不要背景，只要人物。这样做为了把所有笔墨都集中在人物个性的刻画上。就像中国的戏剧往往不要布景。至于小说中的奇人奇事，有些在民间有些影子，绝大部分是按照民间传奇的方式创造的。有些素材还来自于现实。我读过一篇评论，说《俗世奇人》只是一种民间故事的转述。我笑了，笑我们的评论家太不会看小说了。

周立民：这是简单化了，可能对许多背景也缺乏了解。回过头来，说到《神鞭》，这里面有义和团的历史背景，有民俗文化，也有乡土气、市井气，小说蕴涵的信息量也非常大。这样的小说大家好像都不知该怎么称呼它。

冯骥才：这些小说曾经被叫了很多名称，评论界最喜欢分类，好像不归类就无法评论。《神鞭》出来的时候，《传奇文学选刊》选载了，《文学故事报》也选载了，还有《小说月报》，或俗或雅的刊物都选载，有人说是寓言，有人说是荒诞，有人说是武侠，有人还说是中国的魔幻现实主义。中国人太喜欢名义了。我写作的背景是1984年。不久，韩少功在《作家》上发表了《文学的根》，《作家》杂志要我写文章呼应，正好我要去美国，比较忙乱，更因为我的写作与少功的寻根文学思考的内容不同。少功要做的是文化的寻根，我要做的是文化批判，所以我没有写。当时，我想写中国人的文化问题。我分了三部分，第一部分是写民族文化劣根的顽固性，不是写劣根的内容，不是国民性批判，而是文化批判。但是写这种抽象的对象，必须找一个象征，就选中了辫子。

周立民：这里有一个很重要的问题以往被大家忽略了，那就是你的小说与文化寻根小说的区别。寻根小说是在寻找文化的源头，是在为当下的文化寻找原型，而你更强调反思和文化批判，有很强的价值判断在里面。像《神鞭》中这个象征，头上的辫子剪掉了，精神上的小辫却剪不掉；地上的枝干砍去了，地下还盘根错节的。你不是要提供这种文化存在的合理性有多少，而是在提醒人们注意这种文化的毒性有多大。

冯骥才：我思考的第二个部分是中国文化的自我封闭系统，它的厉害之处在于把人为的、畸型的、变态的东西强加给你，并纳入金科玉律，甚至变为一种"美"，等到它成为公认的东西，就很逆反。可是这种"美"一旦被打破，天下大乱，根本找不到"美"的规范，荒唐的事物就全出来了，很像清末放脚的时候，有人改穿小脚皮鞋，有人放了再缠，缠了再放；不缠的脚像煮熟的鸭子一样，脚里没有魂了。于是我很自然地选择缠足来写中国文化的这个自我封闭系统。第三部分是文化黑箱。我采用的象征是阴阳八卦。在这三部小说中，我所选择的象征符号都具有荒诞的一面。这样就使我获得充分的想象的自由。一个巨大的口袋里，可以放进很多东西——比喻、拟人、夸张都行。虽然故事荒诞，但我用的历史、民俗材料都是地道的。我这种写法是像生了孩子没有名字，愿意怎么叫就怎么叫。

周立民：这是虚中有实，实中有虚，虚虚实实。在你的"文化小说"中所表现出来的那种对集体无意识的分析和批判，是不是鲁迅国民性批判的一个继续，如果不是，区别又在哪里？

冯骥才：我所做的是文化批判，不是国民性批判。我认为鲁迅先生把国民性批判已经做到家了，而当代中国最主要的问题已经不是国民性问题，而是文化问题，也就是文化的负面造成的精神障碍。这种障碍一直到潜意识中。国民性批判是针对国民性格的负面；文化批判是针对文化的负面，但都是批判，都是在变革时期的一种自觉的自我反省。我这些小说也不属于寻根文学。寻根文学是现代人对自己文化的缅怀，实际上也是急速前奔的现代人的心理需要，我既不入寻根的范畴，也不入现代派小说。尽管，我这里面有马尔克斯的影响，但我努力不能让人看出。艺术上的克隆是一种无能，可惜这种克隆文学反过来被我们的评论界视为时髦。在文本上，我既有章回小说，也有通俗小说的办法，还有武侠、传奇、荒诞、民间故事，因而使你觉得文化信息很丰富。

周立民：有人把这种克隆的文学称为西方作品的"副本"。我们的确是常常把自身经验丢在一旁，却被动地在接受人家的文化刺激。谈到《三寸金莲》，我想让女权主义者来读，又会是另外一个读法了。

冯骥才：有一位女作家对我说，我读了《三寸金莲》，感到很恶心，想吐。我说，你的反应很正常。因为《三寸金莲》写的正是文化的反常。如果你感到大饱眼福就真的有麻烦了。

作家还应当是民族语言和形式的创造者

周立民：《阴阳八卦》也不能忽略，这个文本里有很多丰富的内容。

冯骥才：是的，《阴阳八卦》文本比前两个更成熟。小说的语言也不同。历来乡土小说的语言有几种……

周立民：哪几种？

冯骥才：最通常的是，作者的叙述语言是自己惯用的语言，人物的对话却是当地的土话。比如鲁迅写鲁镇的叙述语言就是自己的，而闰土说的话则是绍兴话。还有一种像老舍，叙述语言和人物语言都是北京的。《神鞭》的叙述语言是我自己的，人物的话是天津的，这是鲁迅先生的写法；而《三寸金莲》《阴阳八卦》，人物对话是天津话，叙述语言虽然也是天津话——但并不像老舍那样。我的叙述语言是把天津话转为一种书面语言时，加进一些其他的因素。比如在《三寸金莲》中，我经常使用同义词和反义词，罗列一起，为什么呢？我想造成中国传统文化密不透风的感觉，为了制造文化缠绕与束缚。中国缠足有一门"莲学"。种种缠足的规矩、讲究、种类、名称、方法、常识、用品、派别、器具以及相关的学说、观点、诗词不胜其多。正是这种"莲文化"构成一道严密的围墙。阶级斗争也是这样一个理论，整个理论、词组、话语等都是一整套东西。

周立民：只要进入这个，就无法挣脱。

冯骥才：但是红卫兵进到其中，感到的却是一种正义和壮丽。在天安门前他们见到毛泽东，激动万分，狂喊痛哭，把鞋和帽子都丢了一地。《三寸金莲》也到了这种人造的文化的极致，在这么大密度的文化语境里，把你封锁在其中，你出不来，你不觉得小脚丑，反觉得小脚是美的。因此，在《三寸金莲》中我刻意使用这样的烦琐的语言。但《阴阳八卦》不是，用纯粹白描的语言，短句子，有时甚至只用几个字……

周立民：传神、意会。

冯骥才：是意会。

周立民：在谈到乡土小说的时候，你强调了语言的自觉，同时，你也说过一种小说应当有一种专用的语言，这有点我们过去讲的"随物赋形"的意思，很多作家也明白这一层，但我觉得他们的语言自觉程度其实很低，他们抓外在的东西很多，方言、土语等，甚至要加上很多注释才能看懂，而语言的精气神儿却抓不住，语言是有根的，它植根于更深广的生活和文化传统中，如果抓不住这个，那得来的只是些皮毛了。

冯骥才：我想，作家最重要的是抓住地域的精神，也就是地域人的精神。一种文化渗入了地域人的集体性格中才是不可逆的。其他如地貌、风俗、方言，都是文化的载体，不是本质。当我们抓住了这个地域人的精神，紧跟着要做的事是创造出具有这种文化精神的语言。主要是叙述语言。

周立民：创造，这个很重要，作家不但是民族语言的使用者，还应该是创造者、丰富者。他不是被动地接受了某一种语言，他还应当有意识地去开辟这种语言的新境界。我发现你对方言的运用很讲究分寸的，你比较注重提炼，把那些粗糙的东西去掉，把语言的神拿出来。

冯骥才：一个地方的语言特征，并不在方言上，而是在语言的"神"上。特别是把口语转化为书面文字时，语言是可以再造的。如果你把语言的神拿出来，很多东西都出来了。天津人有股嘎劲儿，有跟人较劲的东西，有码头人脑袋的灵活，它是地方语言的精髓，渗透在每一字、每句话的转折以及语言的节奏里。

周立民：这样的语言是一个字一个字的咬合。

冯骥才：在我的语言里找一找，并没有太多的方言。比如我用的"赛"，就是"好像"的意思，还有"嘛"，就是"什么"，都是最有地方特点的天津话。我只用几个这样的字稍微勾一下，让人觉得是天津味就可以了，方言太多反而是文化障碍，比如粤语小说《九尾龟》。

周立民：让神出来，作家是语言的创造者，而不是一个模仿者和记录者。现在有人批评欧化语言和翻译腔，但也不能走到另一个极端，无条件地认同方言。

冯骥才：我认为中国语言最重要的是讲究单个字的运用。从文学史上看，由于诗歌兴盛在前，散文发迹在后。所以诗歌的"炼字"之说，对文章的影响最大。

周立民：这跟我们的语言构成有关，像英语是单词，是以词的形式出现的,它强调的恐怕是在时态之类的变化上,而汉语是单个字,字与字的组合,千变万化,奥妙无穷,灵活性大,也为语言的创新提供了空间。

冯骥才:老一代翻译家虽然在语言结构上是欧化的,但文字上仍然很讲究。讲究文字的精练、浓度、传神和灵气。比如傅雷、李丹、汝龙、杨绛、李健吾、丰子恺,等等。

周立民:翻译文学曾影响了中国几代作家,这个翻译,我觉得需要仔细探讨的,你可以说是雨果和巴尔扎克影响了我们,但也不全是,从某种意义上说是李丹和傅雷影响了我们,毕竟经过了他们文字转换。同一个人的作品,有时候另外一个人的译本大家就不接受,认为不是"巴尔扎克的味儿"等,其实,你读的也不是原作,巴尔扎克的味儿怎么知道是什么样?很显然,翻译家在其中起到了不可估量的作用。尤其是对现代汉语的构成中。回到你的作品上来,从文本的丰富性来看,《阴阳八卦》要比《神鞭》丰富,《神鞭》有些直露,有些单薄。

冯骥才:而且太故事化。《三寸金莲》好一些,《阴阳八卦》中民间的信息量最大。但奇怪的事,人们对《阴阳八卦》的兴趣反而不大。

周立民:这里面写的那些说不清楚的东西,现代依然存在,用鲁迅的话说,就是做戏的虚无党。这是很深刻的,但不知为什么,这部小说出来后,反响却不如前两个大。

冯骥才:可能由于小说写完已是1988年年底了,小说发出来,大家的注意力都不在这上面。也可能是这个书名不好,捉摸不透。

周立民：有批评家说你迷恋这种文化。

冯骥才：吴亮说得很有趣，他说我在做批评文化的负面时是坚决的、彻底的，一碰到具体的东西又迷恋了。然而，我必须写三寸金莲的美。如果不美，中国人为什么裹了一千年？

周立民：那种反人性的残酷性就出不来。

冯骥才：记得书出来的时候，上海一位记者，半夜打电话来要写专访，要问《三寸金莲》的事情，并说这是领导的意思。我说：你不用说，我就明白是什么意思，采访可以，但是我有个要求，就是我的话，你必须全部发表。他答应了，我说：问题你也不用提了，你肯定是想问我为什么鼓吹和赞美小脚。

周立民：戴了顶这么大的帽子！

冯骥才：先说"鼓吹"，请去调查一下，看过《三寸金莲》的女读者有多少人开始裹脚了，如果有，那算我鼓吹；如果没有，算不上鼓吹。鼓吹总得有事实和结果的。再说"赞美"，晚清的小说《黄绣球》，不写小脚的美，只写它的丑，那是为了放脚的需要，如今中国妇女已经完成了放脚，放脚不再是一个现实问题，而是一个文化的问题了，这就要研究小脚到底是怎么来的。如果我还是按照《黄绣球》的角度写小脚，只写丑，不写美，年轻人会问我：这么丑，中国女人为什么还缠？你要知道，缠足在古代并不是被迫，而是自愿的！那个记者还真不错，把这些都登出来了。可是还是有人说小说写了国耻。我说从文化的角度讲，无所谓"国耻"，它是一种历史和文化的存在。

周立民：一些批评家是有问题，他们是用概念、观念来读作品，而首先不是自己的切身感受。也可以不客气地说，有的批评家根本没有审美感知力，没有对美的敏感，他们脑子里只是堆满了各种各样的名词、知识而已，渊博是渊博，但正像一个笑话所讲：陛下所设计的战舰坚固无比，火力强大，与敌人作战，一定战无不胜，唯一一个小小的缺点是它一下水，就会沉掉……不过，你的小说中倒有一种很鲜明的民族风格和形式。前一段，有人说章回体小说等没有人继承下来。你的小说在形式上不就是地道的章回体吗？回目，回前和回后的诗，说书人的口气等。不知你当时是怎么选择的这种写法，我注意到这批作品出来的时候，先锋小说正火红半边天，你却逆着潮流走。我还注意到，在现代派的争论中，你除了肯定了西方现代派之外，还提出要建中国的现代派。

冯骥才：你这个问题提得真好。我当年提出"中国文学需要现代派"，并不是个人的文学主张，而是为了推动文学对形式禁锢的突破。在王蒙写意识流小说时，我写过一篇文章《话说王蒙》，支持他的探索，但支持他并不表示我也要这么写。至于我个人，我是个独行者。第一，我不喜欢追逐时髦，更不喜欢潮流。第二，我喜欢与最热闹的时尚相反的一种东西。第三，我不想重复自己，所以写完《俗世奇人》，马上声称再不写了。我甚至常常在用一种方式写作尚未完成时，就已经想到"逃离"了。比如我在写完《神鞭》之后，马上写了全然不同的《感谢生活》。文本、语言、感觉和方法，全不一样。再比如我写完《市井人物》，跟着就写了中篇《末日夏娃》。这是我唯一的一部实验小说。

周立民：这要看作家的定力，也要看他的能力。在时代大潮面前，不跟着走是定力，但能够不被大潮推着走就要看他的根基和能力了。你谈到《俗世奇人》等一部分小说曾受过冯梦龙和蒲松龄的影响，好长一段时间，一谈到小说，我们必然说的是卡夫卡什么的，好像中国人从来没有写过小说似的。中国古典小说的一些丰富的经验被我们完全忽略了，然而在你的小说中，我们看到它们的成功转化，我认为这是非常值得研究的。比如笔记小说，孙犁等人也曾尝试过，但似乎不如你来得更地道，我想问你是在哪些方面汲取了古典小说的精华，又做了怎样的改造？

冯骥才：别人用过的手法都是死的，你给它生命，它就有生命力。我要说的是，除去作品的内容要给它全新的生命，还有，看你对这"老手法"是否有了新感觉，是否能给它一种创造性的因素。成功地运用古典是——看起来似曾相识，其实是你创造的。

周立民：形式本身也是有感觉的，是可以对话的，而不是僵死的，等着你用个什么东西往里装。作家跟某种形式之间达成了某种默契之后，才能得心应手、游刃有余。刚才说到写《末日夏娃》，这是否意味着在以后，你还要再写一系列的实验小说呢？

冯骥才：我没有再写实验小说的计划。因为我的小说需要读者。

周立民：这似乎跟一些作家强调的不一样。

冯骥才：作家之间差别越大越好。

周立民：在今天，你还强调跟读者的这种关系吗？

冯骥才：是的，我认为作家写作时，总有一个潜在的隐形的读者存在。对于有的人这个隐形的读者是批评家，这是最可悲的。也有人的隐形读者是圈里人，那他的小说圈外人不一定要看。我需要读者，不是为了迎合什么，而是要影响别人。

周立民：需要有所为而写作。但也认为与读者沟通，就是与市场沟通，与市场沟通，就是作家个性的丧失，你是怎样保持自己在浓烈商业氛围中的个人独立性？

冯骥才：我不笼统地反对市场，读者就在市场中，关键是从市场中要什么。是销售数字、版税、知名度，还是理解、认知、被感动或被影响？

周立民：你所需要的读者明确吗？

冯骥才：知识分子、学生、有一定文化的大众。但一定是阅读趣味纯正的人，寻求精神的人。

周立民：基本上是中间层以上。

冯骥才：在所有文学奖中，我最看重《小说月报》的奖。因为《小说月报》的读者基本上是文学爱好者，而且绝对是凭读者投票决定的，它不像书店的排行榜。

周立民：排行榜是可以被制造出来的。

冯骥才：有商业炒作成分。一本书的名字奇特或诱惑，也会是上榜的一个因素。

周立民：所以现在出版社挖空心思地要把书名想得怪、奇、恶心，甚至还流行"长"，长长的一句话，一口气都念不完才好呢！

冯骥才：由于我不喜欢自我重复，我的作品的样式变化很大，但不管怎么变，读者总跟着我走，让我很感动。我非常欣赏鲁迅的一点是，小说写得不多，但样式很多。

周立民：茅盾说鲁迅是创造新样式的先锋。

冯骥才：他几乎一篇小说一个样式。有的荒诞，有的抒情，有的像寓言。《祝福》是纯故事性的，《伤逝》很像屠格涅夫那种悲剧……

为什么不接受后现代艺术？

周立民：有一个问题很想与你交谈，同样是创新，对印象派的绘画你很喜欢，可是对后现代的艺术，你为什么不接受呢？

冯骥才：后现代我不是绝对不接受，也有我喜欢的作品，但从大的观念上看，我跟他们不一致。到了后现代，艺术家们要不断造出新的东西，创新的频率特别快，而且越来越快，不可逆转。到了抽象主义，艺术家最疯狂的想象是创造出一种全新的语言，把原来的艺术——更是把现存的审美标准完全打破，把历史颠覆，从而开天辟地。然而，越是打破就越是进入一种误区。他们认为只有否定前者，才能把自己树立起来。这跟媒体和科技的发展有很大关系，跟艺术的商品化也有很大的关系。可是，艺术跟科学不一样，科学上每一次否定都是一个进步，有人能证明牛顿的万有引力是错误的，或者推翻爱因斯坦的相对论，人类就会向前迈出伟大的一大步。科学可以将前一个东西超越，而艺术不行，艺术只能是区别，巴尔扎克不能否定莎士比亚，他只能区别莎士比亚，因为艺术是靠区别而存在的。但一个艺术家要区别另一个艺术家谈何容易？我要区别你，从审美方式到语言都要焕然一新地建立起来，还要经得起推敲，得到公认，谈何容易？那么只有否定，用什么否定你，只能用观念、点子，这跟商业的点子是一样的，现代商业就是用策划、用理念、玩理念，貌似新奇，获取利益……

周立民：是为创新而创新，但实际上没有提出任何新的东西。

冯骥才：1999 年，也就是世纪末降临的日子里，巴黎市政府邀请了世界知名的 50 位艺术家，以世纪末为题，各拿出一件作品，摆在香榭丽舍大街上。有一件作品是八个手推车，里面装着废护照、废发票、奶嘴等，意思是说到了世纪末，要把这些东西推走了。还有是一个巨大的垃圾筐，里边全是垃圾，最大的是破汽车，小的是烂衣服等，没有艺术，只给你一个观念而已。

周立民：这样的东西没有体温，也没有付出时间、付出汗水。

冯骥才：一点人文痕迹都没有。甚至不需要动手来做，只是一个想法，找一些人把预订的东西搬来就行，没有任何人的创造和行为在里面。记得那天在巴黎的一家小中餐馆里讨论西方的现代美术时，一位法籍华裔作家认为西方美术已经堕落到尽头。他说当今西方的美术馆都是这样，由展览部主任想个主意，找一些艺术家来做就行了。为此，现代所反映的是人类原创力的衰退。整个西方都是封闭的，再没有米开朗琪罗那样的创造力和想象力，只有走向极端，文学上也是这样的。这位作家的话使我很吃惊。看来他对西方现代艺术的荒谬的一面，也有了切实的反省。

周立民：在创作上，你不是那种单一的一条路和一个形式写下去的作家，你的创作有着很明显的分期，每一段都有不少非常吸引人的作品，从整体上看，其中又有相延续的东西。能不能具体谈一谈你的创作的几个阶段，更重要的是你为什么在一个阶段写得很成功的时候又发生了转变，又是什么支持着这个转变获得实现？

冯骥才：你这个问题包含三个内容。我分别用三句话回答：1.我的文学无法分阶段，我始终在交插进行。2.我不喜欢重复，同时我又喜欢将我的读者不断地带入一种崭新的思考与审美境界中。3.支持我不断转变的是我不安分的脑袋和我对艺术广泛的热爱。

现在该是总结新时期文学的时候了

周立民：近几年，学界在不断反思上个世纪八九十年代的文学创作，在前面，你也以一个亲历者的身份谈到了伤痕文学，但我听说你有一个更为整体的思考，想做一个新时期文学的分段研究，不知道这个研究的具体对象是什么，又打算如何着手。

冯骥才：现在应该总结新时期文学了。它已经完结，成了一种静态的历史，而作家们和评论家都还健在。我们要把这段历史最完整地保留下来。我这个想法，有点像我正做的"中国民间文化遗产抢救"。我的想法是将十五年左右的新时期文学进行分段的整理与研究。每一段文学史——运动或潮流，写一本文学史，编一套作品选，整理一本当时的评论集，邀请作家和相关的评论家写一本回忆录，再搜集当时的照片与图像史料编一本图片集。主要做：伤痕文学，寻根文学，实验小说三部分。是不是单列"知青文学"为一部分还没有想好。因为从某种意义上说，知青文学包含在伤痕文学中。

周立民：这是非常好的设想，从史料到观点都有了。从大的方面讲，我们缺乏这种认真保存资料、细致分析、梳理问题的意识，而常常泛泛而谈，谈十年了，还是在那个圈子中打转。真正深入的工作不是做得太多，而是太少。上世纪80年代，国内的高校、科研机构曾组织人编过《中国现代作家作品研究资料丛书》，作家、社团流派都有研究资料专集，后来还出过当代作家的，可是再后来就偃旗息鼓了。这几年，高校的各项科研项目基金多如牛毛，大家都去做那些抄来抄去毫无创见的所谓大部头"学术专著"，却没有人踏踏实实做基础的工作，真令人着急。想当年的研究资料丛书，至今还令在这个学科研究的人受益……谈到具体设想，在新时期不断更替的思潮中，你为什么单单选中这几个作为研究的对象呢？

冯骥才：这三部分的文学含量最高。

周立民：能具体说一说，它们的文学含量高在哪里吗？90年代的文学呢？它们为什么没有进入你的关注领域？

冯骥才：九十年代的文学已经不再是"新时期文学"了。对此我专门写过一篇文章。

周立民：有人说寻根小说其实只是寻找了几个文化概念，而且是西方的概念，对人与周围世界关系的追究也只是浮在表面上，你怎么看这个问题？

冯骥才：新时期文学中，很多潮流是运动式的。一些人充满新鲜感地投入到寻根文学，但在他的生活积累上，从来没有经由文化的角度。我们说作家缺乏文化积累，主要不是指读多少书，而是从文化上思考和关注生活的经历。所以一些寻根文学之作，只是一种标新立异，或表面的涉猎而已。因此留下的深刻作品并不多。

周立民：你称自己的《三寸金莲》这一批小说为"文化反思小说"，是有意区别于出现在它们前后的寻根小说和先锋小说，但大家读来，你的这批小说也是在与后两者相同的文化背景下产生的，在某些手法上也有不少共通之处，不知道从艺术追求上，你又如何有意识地区别这两者的？

冯骥才：我和那两个潮流没有太多的共同语言，所以自然也就"区别"开来。我不喜欢先锋小说失去文化自我地陷入了对西方现代文本的亦步亦趋的全面模仿，而寻根小说脱离了对现实的关切也不合我的胃口。我喜欢独行。我不相信潮流可以成就一个人。我的带有唯美色彩的《雕花烟斗》就是在充满控诉"四人帮"之声的伤痕文学的高潮时期写的。

周立民：你把寻根小说和先锋小说看做"一张脸上的左右两个耳朵"，这个说法很有意思，很多人都从外在的、具体的形式上谈它们之间的区别，你却从更大的文化背景上，看到这两者之间的联系，我想请你仔细谈谈，它们为什么是在"一张脸上"，又怎么形成了两种不同的表现形式呢？

冯骥才：先锋小说是当代人对时代审美的一种试验；寻根小说是被割断了文脉的当代人去寻求历史的慰藉。都是当代人的精神行为，都是只有当代人才会做的事。表面看他们决然不同，本质上他们却连在一起。

周立民：对先锋小说近年来的评价也不尽相同，一个基本的事实是先锋小说家在 90 年代以后的转型，他们放弃了那种形式上的探索，开始演绎故事、贴近现实，对这种转型有很多人鼓掌欢迎，认为这是先锋小说穷途末路后的唯一出路，也有人认为先锋的精神在丧失，这些小说家已经平庸了，请谈谈你的想法。

冯骥才：先锋小说是中国人在稿纸上跳的迪斯科或霹雳舞，一定会过去。是否平庸，还要看每个人的能力。因为艺术是纯个人的事。如果哪位先锋小说的作家自己也把演绎故事和贴近现实作为一种出路，那很糟糕。因为文学缘自个人的心灵，所有道路都是自己开辟的，作家不是囚徒，没有"痛改前非"的问题。

周立民：你的这个看法跟老作家萧乾很相似，他认为意识流小说在中国是死胡同，尽管他后来也翻译了《尤利西斯》，但这一看法却仍然保留着。先锋作家的这种蜕变，我想可能有市场的因素影响，尽管打死他们，他们恐怕也不会承认，其实市场无形的手在九十年代以后还是在引导着他们。不是有位大导演请了几位作家写《武则天》，高傲的作家们都屁颠颠地在写吗？其实先锋小说在一开始就面临着让人"读不懂"的指责，当然也不光是这个小说，朦胧诗也是，"看不懂"之声总是此起彼伏，有人认为诗看不懂，倒情有可原，小说怎么能让人看不懂呢？去年有一个杂志还组织过讨论，什么样的小说是好小说，最后似乎集中在两点上，一方认为"好看"的小说才是好小说，另外一方则认为不这么简单，但双方似乎都没有说看不懂的小说是好小说。以这样的标准来衡量八十年代后期那些探索小说一定不是好小说了。

冯骥才：西方作家不太怕别人读不懂。在维也纳的地铁站，经常会看到一些诗人，把自己的诗贴在墙上或柱子上，下边还留下自己的电话与手机的号码。如果你有兴趣，可以与他通话交流。对于强调个人价值的西方来说，作家遇到一个知音，就很满足。但中国不行，中国人追求广泛的认同。先锋小说的问题是将西方人文背景与现代社会产生的文学，硬搬到中国来。这最多只是一种实验，而且是不会有结果的实验。

周立民：其实看不懂的问题，在"五四"后也有，当时也有人指责过诗人，我想不是说有多么深奥的东西在里面，更主要的是欣赏的习惯、审美趣味的问题，看惯了有情节、有人物、有故事的小说，弄一个"三无"小说，连主人公是谁都找不到，他当然一头雾水很不习惯。这个问题也不能全怪小说家，尤其是对探索、先锋这类作家来说，如果他的作品与公众的兴味是平等的、媾和的，那么他的探索性在哪里？他必然要走得更远些才好。因此，对于先锋小说，我的看法可能与你不尽相同。是的，有一大批蹩脚的作品，拙劣的模仿，但也不是没有好作品。是否用了外国人的形式不是最重要的，就像你也可以用我们古人的形式一样，更重要的是借鉴之后的内在的转化，和是否表达了你个人的生命体验。人类有许多东西是共通的，是可以共同面对的，比如孤独，焦灼，迷惘，为什么西方人表达出来就是创造，我们就是模仿呢？问题是我们的内心就不能有这种感受吗？钱钟书先生曾写过一篇文章，题目是《一节历史掌故、一个宗教寓言、一篇小说》，写的是根本没有交流的不同作品讲的却是同一个故事，哪怕情节和叙述方式都惊人相似，这又是谁影响了谁？都不存在，说明人类的精神乃至它的表达形式是有共同点的。所以，我对一些先锋小说家的转向感到非常遗憾，如果说我们缺少大作家的话，那正是一意孤行决绝地走下去的人首先就不存在，我们有的是跟着潮流走的人。真正的大作家就是在大家都认为是死胡同的地方他走出了路来的人。

冯骥才：那样他就没有必要再回过头来。就去作詹姆斯·乔伊斯好了。但中国是不可能产生乔伊斯的，如果真有一个"乔伊斯"，别人也不会知道，因为中国没有需要和承认乔伊斯的人。

周立民：这个还是让历史去做结论吧。这两年还有一个现象比较明显，那就是已经成名的作家，在新的生活和时代的变化面前，如何完成自己的转型问题，像您转向了更广阔的文化领域。也有人写写随笔、散文，比你们更年轻的几代作家，虽然仍在写小说，但从他们的新作品来看，已经与以前大不相同了。我认为这个转型是必然的，但能否成功真要因人而异。就一个作家如何调整与时代的关系，尤其是今天这样一贯瞬息万变的时代而言，你有什么看法。

冯骥才：如果你一直与时代密切相关，就没有调整的问题。甚至你还能做到以不变应万变呢。

周立民：对近两年的小说创作，你是怎么看的？你是中国小说学会的会长，这几年小说学会的排行榜搞得很有声势。

冯骥才：排行榜最初是商业性的，所以我希望搞一个非商业的排行榜。参评者都是小说的研究者，也想借此引起大家对小说的关注，刺激一下小说创作。这两年小说学会建立了网站，设了个排行榜，一年排一次，结果公布于世。评委包括我自己的作品都不能参评。榜上名次按得票多少排列。每年入榜作品出版专集。现在已搞了三年，影响渐渐扩大。此外，还要设立一个中国小说学会奖，从今年开始，两年一届，评出长中短各一部作品，这个奖的奖金额度不一定大，金钱的力量远没有荣誉更重要。

周立民：确立一种评价机制，将真正好的作品推出来。

冯骥才：这两年的小说，不能说小说家没有做努力，但确实平平。九十年代以后，出现不少优秀的小说家，也有一些力作。但不能不看到我们整个文学在边缘化。商品文化处在主流位置。国民关注物质，文学不被关心。可是当今的一些作家比较清高，不关心时代生活，只关注文本，一心在经营极端的个性化的文字艺术，实际上一些作家只生活在圈子里，相互看好。文学是需要生存在读者的空气里，一旦脱离了读者的空气，走进艺术的真空里，就变成了欣赏品。这样的东西只有像维也纳地铁里的诗人，耐着性子等待知音。

周立民：小圈子倾向在诗歌创作中恐怕更严重，但他们自己认为只有这样的创作才是抵抗时代大潮的真正创作。

冯骥才：时代大潮指什么？全球化大潮？商品世界的消费主义大潮？还是粗鄙化的流行文化大潮？如果不是，那只能是以狭小的一己对抗庞大而活生生的现实。

周立民：对于诗人，我非常尊敬，而且抱有极大的期待，特别是在商业化的时代中，他们仍在文学中的迷宫中探索，没有一股劲头是做不到的。但对于诗坛、圈子、帮派等，我是不敢恭维的。有的诗人竟然拿着一个选本气势汹汹地问编选者：你为什么选了某某人的作品？！你当然可以有你不喜欢的理由，但人家也有要选的理由啊，不能动辄哥们儿的作品就是传世之作，"对手"、"敌人"的就是狗屁、垃圾，要人家对你讲艺术的多元，而你对人家讲只有你自己这一元，这是搞双重标准嘛！如果艺术个性非得你这种偏狭的心态表现出来的话，那么，"大师"对他永远只能是梦想，因为我不相信这么偏狭的心胸和审美趣味的人，他的心中能装下他宣称的大地、人类什么的。还有，这个时代中，装腔作势的伪诗人太多了，诗歌写作成了他们的行为艺术，而不是生命需求。作家没有一点迷惘和焦灼，没有对社会和人生的追问，一切都很平静和满足，作品的内驱力严重不足，哼哼唧唧的，大师能是这个调门儿？

冯骥才：除此之外，还有一些作家投入市场，顺从书商的指挥，双眼紧盯着销售额，生活在商家制造的轰动效应中。八十年代是政治意义上的轰动效应，现在是商业意义的轰动效应。但没有思想和艺术意义的轰动效应。这是我们这个时代文学的悲哀。

周立民：作家和市场相互利用。前一阵有人说，文学已经进入了策划的时候，不是作家想写什么，而是出版商或杂志社替作家策划该写什么。

冯骥才：这是文学的一个黑洞。

周立民：作家的精神资源也有问题，我们需要新的精神资源。他们把社会上最浮皮潦草的东西抓来当做十全大补，反倒弄得自己营养不良。

冯骥才：文坛需要新一批作家。一方面在这个平庸和物化的时代中是很难产生大作家的。另一方面，如果真的产生了这样的作家，就一定是历史性的。

周立民：似乎他们不敢面对当代问题，是在有意识地回避。

冯骥才：回避了，自然就找不到时代的脉搏。

周立民：不过，这个时代的脉搏怎么找，为什么现在的作家找不到，或者说这个时代的脉搏还存在吗？

冯骥才：生活是巨大的生命，就一定有脉搏在跳动。我想不是找不到，而是很少有人在找。因为时代的脉搏始终在生活的底层里。

画里话外的人生

周立民：我读你那本亦文亦图《画外话》，看到一幅《温情的迷茫》，它似乎是你绘画的整个概括，你的画中总有种水气和迷茫，画春天也不是那么鲜亮。

冯骥才：我的骨子里是伤感的。我承认。

周立民：这是你的另外一面，这一面在小说中表现得不明显。你的画中还有一种可爱、可亲近的感受。

冯骥才：这大概与作家的方式有关。作家总是生活在感动与被感动中间，并把感动自己的表现出来，去感动别人。另外，可能也与音乐有关。我画画时，一直在听着音乐。一种与我的画相关的音乐。音乐可以保持一种感觉状态。

周立民：你的画中，那种光线打过来的确带有一种音乐感。

冯骥才：你说到光线。我喜欢逆光。特别是黄昏时，由很低的贴近地平线射来的夕照中逆光的事物，分外迷人。在一日将尽，这最后的光明来得分外强烈和急切。万物在这种光线中几乎被照透，显出生命的透彻与美丽。

周立民：你的画的题跋和别人也不一样，题跋像散文的句子。

冯骥才：谢谢你注意到了，我的画的题目其实都是散文的题目。我希望自己的绘画具有散文性，这与中国古代的诗歌与绘画的结合有些不同。诗歌赋予绘画以意境，但它有固定的内涵。散文则是一个线性的不断加强的过程。

周立民：从中国画的谱系来讲，你的画属于哪一种？中国文人似乎与书画都有着不解之缘，这本是他自身文化修养的一部分，不知道画画写字对你的内心有什么影响？

冯骥才：我当年工作是画北宋的院体画，我现在属于文人画。当年我是纯画家，现在则是做了很长一段时间的作家之后，又拿起笔画画。我的立场变了。我是文人。文人画把绘画作为抒发内心的方式。我说过，人为了看见自己的内心才画画。艺术，对于社会人生是一种责任的方式，对自身是一种生命方式。我写作，更多运用前者；我作画，更多尽其后者。只有把我的文学与绘画加在一起，才是一个完整的我。

周立民：你曾经区别过"文人的画"和"文人画"的不同，并说自己的画是"现代的文人画"。我大体上理解是"文人的画"说到底还是从文人这个身份来说的，因为有了身份，才有大家对他的画的看法，而"文人画"则是立足于画，绘画所表现出来的文化精神。现在，我想了解的是，你的画与传统的文人画的精神渊源是什么？那么你强调的"现代的文人画"当然不只是说你是现代文人了，那么这个画与传统的文人画的不同又在什么地方？

冯骥才：从宋代的苏轼、米芾、文同开始，文人画进入中国绘画。文人涉入绘画，给绘画带来的最重要的是文化。他们给绘画注入文化内涵。其中，主要的是文学。文学与绘画的结合，表现在两个方面。一方面是画上出现题跋，或诗或文。这些文学内容通过书法的媒介直接登临画面，使得中国画在形式上诗文书画融为一体，而且诗情画意，相补相生。另一方面是由于画家是文人，不仅画中的内容追求文学性，即意境。同时，文人把绘画作为抒发个性、表达意趣的手段。文人作画不是为了客观的画，不为了视觉效果，而是受内心情感的激发与驱动。由于我是二十一世纪的文人，我的所思所想以及审美追求与传统文人当然是不同的。

周立民：文人画的传统强调，会不会让绘画更多的是平和、宁静，但却少了一些凌厉和霸气，或者说我们的画中，这一路的画比较弱？

冯骥才：文人画更多的是"向内"，而不是"向外"。文人的内心深处深邃而平静，有时也会风波骤起，激荡不已，比如八大山人和徐渭。

周立民：我自己的感觉是现在不光是"文人的画"这个问题，而遍布的是"画家的画"、"书法家的字"，非常职业化、模式化，中国画在一定程度上成了老干部涂抹几笔闲情逸致的工具。倒不是说绘画是谁的专利，而是说绘画的文化基础丧失之后，它成了一个纯技术的活儿，在画画上几乎看不到人的精神、脱俗的创造力，像明日黄花。在谈到鲁迅的时候，你曾经说现在一些鲁学家走不出鲁迅，我觉得中国画家是走不出中国画，我不是说他们走不出传统，这当然也是一个重要的问题，但在很多画家身上，哪有传统？最多是传统的外套而已。对这些问题，不知道你是怎么看的？你怎么看中国画的现状和未来？

冯骥才：由于近代中国受西方影响，作家与画家的分工越来越明确。而且在使用的工具上发生了变化，作家写作时不再使用宣纸和毛笔，从而不熟悉这种工具，因之退出绘画，文人画也就衰退了。文人退出绘画，带来的是文化的撤离。于是，专职化的画家的"技术至上"占了上风。他们崇尚技术效果，注重形式的冲击力，因而技术主义是中国绘画发展的最大障碍。往日的文人画中个性的区别变成了技术特征的区别。画面的大同小异、彼此趋同的病态现象弥漫画坛。在扬州八家时代，尽管画家们的绘画主张一致，绘画的面貌却相去千里。那绝不是形式的区别，而是个性的迥然不同，但如今这种性灵之作很少看到了。

周立民：对于那些中西结合的中国画的画法，从前一个世纪就有人在探索了，你怎么看他们的得与失？

冯骥才：中西绘画的结合从刘海粟那一代就努力地去做。直到林风眠、徐悲鸿、蒋兆和、李可染、吴冠中，等等。他们每个人都用一生的努力来完成一种可能。留下的问题却仍然是怎样才能把两个文明体系完美地融合起来。实际上这是永无答案的。比如吴冠中和林风眠，基本上是站西画的立场上吸取中国水墨的精华，于是有人指责他们连题跋签名也不行。李可染、蒋兆和是站在中国画的立场上吸取西洋的养分，却被人批评为革新有限，面孔依旧。这些大家在世之时，总是争论对象，过后却留在绘画史上。这是一个永远无法终结的问题。但在这争论不休之中，中国画的审美空间在一点点地扩大。然而我更大的兴趣却不在这里，而是西方人为什么没有这个问题？我们总说西方人如何钟情东方文化。可是哪个西方画家像我们酷爱梵高、高更、毕加索、康定斯基这样，痴迷于石涛、八大、齐白石？这是不是绘画界该思索的问题了？

周立民：你赞成美术界的一种说法"中国画已经穷途末路"吗？你认为"中国画的笔墨资源用尽了"吗？

冯骥才：我承认，有时一种艺术方式会被用尽的。比如唐人对五言诗和七言诗，已经发挥到了极致。施特劳斯家族已经把华尔兹的资源挥洒一空。但中国画的笔墨却远远没有穷尽。如果看一看李伯安的《走近巴颜喀拉》，就会感觉笔墨完全是一片未开垦的处女地。当然这需要天才的出现。枯竭的局面总是大量的庸人造成的。当人类的百米短跑的成绩突破了九秒之后，就要等待着飞人和超人的出现了。在罗丹没诞生之前，人们可能误以为米开朗琪罗把写实雕塑推到了极限。所以，把中国画的未来看做绝境，是缺乏一种历史观的。

周立民：听说，吴冠中有"笔墨等于零"的说法，你怎么看？

冯骥才：这里有个误会。"笔墨等于零"是吴冠中一篇文章的题目。他在文中的说法是"没有意味的笔墨等于零"。但人们把这文章的题目误解为他的宣言了。吴冠中的文章针对现在充斥中国画坛的单纯追求笔墨效果、笔墨情趣、笔墨功力的陈腐风气而言。他不是说中国画的笔墨已经过时和无能。他是说，没有意味的笔墨再漂亮或再有功力也是没用的。他恰恰是说，只有富于生命的创造才能使传统的笔墨焕发新生。我支持他文章中的观点。

周立民： 因为你的双栖或者多栖的身份，人们一定会问到你文与画的关系，尤其两者的互相影响和贯通的问题，在本质上艺术上最高境界都是贯通的，画与文都锻炼了你的形象的感知力，你的作品的确也有很多别人难得的画面感，像"高女人和她的矮丈夫"这题目就是一幅画。我特别注意你提到的绘画的神、气、数、意这些说法，我觉得在小说中，尤其是长篇小说中，这几点都非常重要，尤其是神、气这个问题，现在很多作品尽失，这突然让我又想到了诗画贯通这样的事情。不是说你拥有了哪些身份怎么样，而更是化作你的修养进入你的文化创造中，就像树的成长需要从泥土中汲取多种成分的营养一样，而现代人把这些基本元素分成了不同的行当、职业，结果越做越小，路越走越窄了。对此，你是否感触颇深？

冯骥才： 西方人认知世界的方式是解析；面对未知的世界，他们使用层层解析，层层推进的方式，讲究分工，强调"专"，所以西方的科学发达。东方人认知世界的方式是包容，东方人习惯于把所有事物放在一起，用阴阳五行之说进行感悟式的思辨，崇尚触类旁通和融会贯通。所以东方人更适合艺术，或者说东方人感性的思维产生了东方独有的艺术。可是一百年来，由于西方是强势，使我们漠视、疏远乃至轻贱了自己的文明。我们的艺术家需要温习东方人自己的方式。

周立民：你强调绘画中的散文性，并把它与诗性比较，强调散文的叙述性、线性，但我不知道在绘画中，这种散文性是怎么表现出来的，散文性是不是让绘画的纵深感和层次感更加强了？

冯骥才：诗是在点上的集中；散文是线性的不断深化。比如我们读林风眠的《迟归》，先看到的是黄昏的云和白晃晃的余光，跟着是被晚风吹斜的长长的芦苇，迷蒙的远滩，随后才是几只迟归的大雁在缓缓扇动着翅膀，径直地飞行。这个读画过程不就像读一篇散文吗？随着线性的延续，一点点深化。这和那种高山急峡，或大壑奔流，或日暮关山——那种诗意的画面是不一样的。你说得对，散文使绘画内涵更加纵深，画面更有阅读感，也更适合现代人。现代人更接近散文，而不是诗——我说的是古体诗。也许我这里所强调的散文化，正是我与传统文人画最大的区别了。

周立民：但文与画也必然有不一样的东西，文学也不能仅仅有最形象的画面就能解决问题的，你理解的不同在哪里，起码写小说不能跟画画完全一样吧？

冯骥才：在文学中，小说是唯一不能与绘画结合的。除非小说插图。绘画与文学最大的不同是，文学是巨大无限的时空，绘画是有限的时空。文学是动态的，绘画是静止的瞬间，而且是平面的。但任何艺术都是在限定中设法超越限定。所以说，绘画是在瞬间中创造永恒。杜甫也说"咫尺应须看万里"。

周立民：近几年，你的小说虽然写得少了，但是你的文化散文或者文化随笔，却一本本在出，尤其是像《巴黎，艺术至上》和《倾听俄罗斯》，很受读者的欢迎，你的这些文章与普通的海外游记大不相同的是，里面贯穿着对人类文明的热爱，对人文精神的呼唤，同时也有着不同文明之间的对比、反思。其实，写这类文章在你这不算新的开始，我发现你80年代写《海外趣谈》的时候，观察的角度就与别人不一样，当时刚刚改革开放，很多人的海外随笔都是观光记，或是写什么新鲜事，而你一上来则是说对人感兴趣，要写东西方的人的为人处世的不同，写文化的差异。所以，从表面上看，你涉及的领域非常宽广，但在内部它们又统一在一体。如果，写自己的人生总结的话，不知道你会怎么评价自己的方方面面？

冯骥才：最理想的人生是充分的自己，同时与自己与所挚爱的世界融为一体。我喜欢千手观音的形象，他的手非常多，但每一只伸出的手都是一种援助，一种爱。

（节选自《冯骥才周立民对话录》，苏州大学出版社 2003 年版）

文人画问答

时　　间：2005 年年尾
地　　点：天津大学冯骥才文学艺术研究院
问话人：安先生
答话人：冯骥才

关于文人画史的思辨

安先生：开门见山，今天与你谈文人画。现在从美术界到社会都说您
　　的画是"文人画"。我没从任何地方看到你对这个称谓的拒绝，
　　看来你欣然接受了。那么你今天遭遇的第一个问题是——什么人
　　算得上文人，文人是一个历史概念吗？

冯骥才：是的。是特定历史形成的概念。在古代，识字的人很少，一
　　个村庄有一个文人就是宝贝。这些文人为乡亲们代读书信，代写
　　讼状，书写春联，干那些人们不会干、平时也用不着干的事；他
　　们平日的生活不是耕地而是读书，吟诗作画，舞文弄墨；中举人
　　中状元的事只会出在这群人之中，他们内心的东西也与凡人不
　　同。文人是独立在公众之外一群小小的另类。但这种状况到了近

代就发生改变。随着近代教育的普及与发展，古代这种特定含义的文人已经不存在了。

安先生：那你为什么还要重提文人画的概念？是不是一种自我标榜？

冯骥才：文人画不等同于文人的画。文人画又是另一个特定的历史概念，也是一个特定的艺术概念，甚至还是一种特定的审美形态。我提文人画是因为当初文人登入画坛时给绘画带来的那些至关重要的东西在近代绘画中渐渐消退。

安先生：你认为中国画史和西洋画史一样，也是先有无名的画工，后出现精英型的画家？

冯骥才：准确地说，先是大批无名的画工，继而是有名有姓的画师，然后是精英型画家的出现。从历史看，无名的画工已经是职业化的了。最早见诸记载的画工是在秦汉时期。他们主要是为寺庙画壁画，但是谁也不知道他们的姓名，就和其他工匠（石匠、泥匠、木匠）一样。后来个别的画工技艺高超，有名有姓的人物便冒出头来。开始统称为画工，随后对其中的高手称画手，到后来把最优秀的画手尊称为画师。渐渐地，在史籍中已经偶然可以看到他们的姓名。到了晋唐时代，一些人的画艺不但精妙绝伦，而且形成个人风格。比如"张家样"、"曹家样"、"吴家样"或"曹衣出水，吴带当风"；个人风格的出现，并不意味着画家的诞生。这个过程在西洋画史也完全一致。从古希腊和罗马的神庙的壁画，一直到达·芬奇和米开朗琪罗的出现，也是这样。有一点需要说明——这个阶段的中国画坛上还没有文人的角色。

安先生：甭说文人，就是声名赫赫的大师比如吴道子和周昉在画面上仍然不题写自己的姓名。

冯骥才：画工们极少在画上写自己的姓名。最早他们画寺庙的壁画时，是为宗教"做工"，不能把自己表现出来。后来他们进入皇家画院，又为宫廷"做工"，仍然没有出头露面的份儿。像刚刚你说的周昉、吴道子，还有那些"光照千古"的画师阎立本、曹霸、韩干、张萱、边鸾，等等，也都是画工出身，决不能在画面上明目张胆地写上自己的姓名。这种状况一直到两宋。像范宽、马远这样的大师，也只是把自己的姓名悄悄写在石缝和树隙中，俗称"藏款"。这说明画师在人格上还不独立。他们隶属宫廷画院，为皇家服务，不能表现自己。这种状况到了文人画一出现立即就发生变化。

安先生：文人画是唐代出现的吗？你认为王维是文人画的鼻祖吗？

冯骥才：在文人登上画坛之前，文学已经进入绘画了。

安先生：你这观点很新奇。文学性不是文人画最重要的特征吗？王维不是主张"诗是无形画，画是有形诗"吗？你的话是不有点自相矛盾？

冯骥才：文学性是文人画的重要特征——从这点说，王维应被视做文人画的鼻祖。因为他提出的"诗画一体"，有力地推动绘画内涵的文学化（诗化）。到了宋代，宫廷画院考聘画师时便以诗句为画题，比如"踏花归去马蹄香"、"万翠丛中一点红"等等，这都是大家知道的事情。宫廷画家的作品追求诗的意境，比如宋人小品那些画面，几乎全是可视的诗句。但主宰画坛的并非文人，而是技术型的院体派画家。

安先生：院体派画家不是文人吗？

冯骥才：有的人文化修养很好，但他们是专职的画师，进了画院靠俸禄吃饭，所画的画儿供皇帝玩赏，不能有个性与心灵的表现。他们把诗放进绘画的情境里，为了使画面更具深层的魅力和欣赏价值。这不是文人画。郭熙便是一个极好的例子。郭熙在《林泉高致集》中说自己遍阅"晋唐古今诗什"。他修养极好，又有理论自觉。但他的画仍不是文人画。

安先生：为什么？

冯骥才：他深受皇帝赏识，竭力以画事君。这在郭熙儿子郭思的《画记》中有很多记载。他提出的山水要可以"步入、举望、游历、居住"，仍是在强调绘画的客观真实性和玩赏性，仍然没有绘画者本人独立的、个性的精神内容。

安先生：为什么文学比文人先进入绘画？没有文人，文学怎么进入绘画的？

冯骥才：在唐代，中国画正在走向成熟；而文学（诗词散文）已经登峰造极。各种艺术门类之间如同人与人一样，成熟的一定要影响不成熟的，早成熟的一定影响晚成熟的。绘画自然要去追求和再现诗词的境界。文学便顺理成章地进入了绘画。然而我还想重复一句，最早用画笔去描绘诗的不是文人，而是技艺精湛、修养很好的院体派画家。在这里，郭熙仍是一个例子。郭思的《画记》

中就开列出许多郭熙所酷爱的唐宋诗句。所以郭熙的画颇有诗意，比如《早春图》。

安先生：你如此赞扬院体派画家，使我很高兴。我很担心你在褒扬文人画的同时，贬损院体派绘画。

冯骥才：为什么呢？我是学院体画起家的，我深知他们画技的高超。在上千年里，他们从寺庙的壁画到案上的绢画，从民间到宫廷，他们的技术经过千锤百炼，始终一脉相承，到了两宋已臻顶峰。崔白、李迪的花鸟，荆浩、范宽、刘松年、王希孟、郭熙与马远、夏圭的山水，张择端与李嵩的世俗风情，都把画技发挥到了极致。但是这种审美与技术在南宋，似乎走到了尽头。一种特定的审美总是属于一个历史时期的。特别是当这时期一批光照千古的大师把这种院体的审美和技术发挥得淋漓尽致时，这种审美形式便被耗尽了能量与魅力，只剩下套路化的技术程式和伟大而乏味的躯壳，艺术的历史也就该改朝换代了。

安先生：文人画一出来就改天换地了吧。

冯骥才：是的，但文人画不是为了实现一种新的审美才登上画坛的。刚才我说了，唐宋一些院体画家有很好的文化修养，但他们的画却不是文人画。因为他们没有独立人格，他们的画不是自己心灵的表现。

安先生：文人画与院体画区分那么清晰吗？

冯骥才：是的，泾渭分明。院体画是供人观赏的，文人画是本人性情直接的抒发；院体画从属于眼睛，文人画从属于心灵；院体画是唯美的，文人画是唯心的；院体画是技术的，文人画是心性的。我现在已经把文人画的本质表述出来。一句话，文人画是文人直抒心臆的艺术。文人画的出现是文人的心灵要求。这种心灵的呼声在苏轼等人那里，已经能十分清楚地听到了。

安先生：你说得很明白，我同意你的说法。在苏轼许多文章中，都可以看到他对"意"的强调。意即"心""性"，这恐怕与宋代理学思想的盛行有关。比如他在《净因院画记》中对"常形"和"常理"的思辨。在《传神记》里说画家"要得其人之天，得其意思所在"。他还在《筼筜谷偃竹记》中说自己画竹"必先成竹于胸中"，待到画兴来了"急起从之，振笔直追其所见"。已表明他作画全凭一己的性情。

冯骥才：苏轼的好友米芾在谈苏轼画竹时说，他画竹从地面一直到顶不画节。米芾问他："何不逐节分？"苏轼答道："竹生时何尝逐节生？"还说苏轼喜画枯木怪石，其实都是他"胸中盘郁"。文同说："吾乃者学道未至，意有所不适而无所遣之，故一发于墨竹……"看来他们作画的对象——竹木怪石并不重要，排解心中的郁结胸中的块垒才是最重要的。

安先生：我读过南宋人郑刚一文论郑虔的画。他说郑虔"酒酣豪放，搜罗万象，驱入毫端，窥造化而见天性。"可惜今天已经无从看到郑虔的画了。

冯骥才：这些文字表明文人画的崛起首先是一种文人的绘画观和艺术思想的形成。他们对当时统治画坛的院体派是有挑战意味的。

安先生：特别是苏轼那句"论画贵形似，见与儿童邻"。

冯骥才：由这两句诗，这 10 个字，足以证明苏轼是文人画理论的先驱者。这两句影响太大了。他强调表达心性，反对形似至上，主张传神。传神很重要。对于文人，仅仅是"画中有诗"还不够，画中的诗意也可以是一种对象化的东西，就像院体画中诗的意境。神似却是一种全新的造型理论。

安先生：你认为神似与形似的思辨始于苏轼吗？

冯骥才：关于形神的思辨来自于宗教，后来成为魏晋清谈玄辩的课题，再往后便被引入美学的造型艺术范畴，文人画之所以竭力强调神似，实际上是力图把自己个性从具象的束缚里解放出来。从苏轼反对"为形所累"到齐白石的"画在似与不似之间"，都是为文人画立说，为文人画辩解。在这数百年来不断的辩护中，中国画从客观走向主观，从有限到无限，从束缚到自由。苏轼的神似理论是最明确的，所以说他对中国画史具有颠覆与开创的意义。

安先生：你刚刚说苏轼在为文人画辩解，这说明当时有很强的反对文人画的声音，是吗？

冯骥才：你的问题总提到"要节"上。从宋到元，士大夫们的文人画一直受到贬损。习惯了院体绘画的人们，看不惯这些笔墨松散、似是而非、过于简略的绘画。在晋唐以来数百年的绘画史中，院体派绘画已经确立一套严谨又严格的审美标准，不论绘画者还是欣赏者都持着这个标准，文人画的审美标准尚未确立起来。艺术形态也没有确定。所以，人们斥责这种新生的、近似于游戏的"墨戏"。斥责文人画不过是一种随意而为之的另类，一种士大夫们"业余"水平的"隶家画"。在这个背景下，我们会更深刻地认识到苏轼思想理论的非凡作用。

安先生：新冒出来的文人画有没有一种文人独特的审美？

冯骥才：克制"形"的约束而放纵"神"的艺术，一定要抛开院体派那一整套既成的技术系统与程序。反对制作性。制作有明确的目的。所以最早能表现文人画艺术特征的是米芾的"墨戏"。墨戏具有很强的偶然性，是一种十分新鲜的艺术审美。其次它是违反人们审美习惯的，就一定面临攻击，就像西方的印象派。

安先生：说到墨戏，我想到你说过的一句话，偶然性就是绘画性，必然性是工艺性。

冯骥才：是的。米芾的文人墨戏给中国画带来无限的绘画性。它充满偶然，引发无穷的可能与灵感。它鲜明地表现出文人画的审美特征与艺术特征。此外还有一个值得重视的绘画形态的出现，就是梁楷的泼墨大写意。泼墨对于工整的院体画来说也是一种解放。或者说梁楷也在松动两宋以来院体画的一统天下。

安先生：谈到这里，就有一个很重要的问题冒出来了。尽管苏轼、文同、米芾几位文人画家带来一股画坛新风，为什么直到宋末还是院体画派称雄，而一进入元代，文人画就成了主流？

冯骥才：实际上文人画进入元代并没有马上进入主流，这期间，一个重要的人物是赵孟頫。

安先生：赵孟頫精诗词，通音律，善于鉴别古器，书法上真草隶篆无所不能。画技又十分高超，他应该支持文人画。

冯骥才：事实上赵孟頫是个艺术立场模糊不明，思想理论十分混乱的人。他反对南宋院画，但提倡晋唐画师笔下的古意；他贬抑士大夫们无章可循的墨戏，斥为粗俗与荒率；自己的《秀石疏林图》却明显离开院画，紧贴当时文人画的审美时尚。还创造性地将文人书法融入其中。赵孟頫是院画功底很深、技术高超的画家，在审美上他不可能完全脱离院画；他是一个很地道的文人。但作为宋室后裔，又例外地得到元朝皇廷的赏识，做到一品高官，他不理解失去仕途的文人们借笔墨排遣性情的文人画，所以他是文人画强有力的反对者。更重要的是在中国绘画由院画向文人画的转型期，他是一位中间人物。新旧两种东西都会在身上得到反映，并激烈地冲突着。他发表了关于当时绘画的大量的思辨性的言论，言论愈多，他的局限性就愈表现得清楚。

安先生：照你这么说，文人画在元代的勃兴还有政治的因素？

冯骥才：你的问题已经包含了答案。元代对于中原是一种异族统治。蒙族统治者对汉人施加专制性的政治歧视，这便使受压抑的文人开始面对自己的内心。艺术走向私人化。抒发性情的文人画自然就被催生了。

安先生：还有其他原因吗？

冯骥才：画院撤除，春事都休。院体画师走向社会，走向民间。他们不再有官府撑腰。到了社会上，他们的画虽有高超的技术，但没有新意。一些院画高手如陈琳、王渊，便涉入文人画。一边是院画退潮，一边是文人画涨潮。

安先生：还有第三个原因吗？

冯骥才：我正要说另一个至关重要的原因，是文人画改用了绘画材料——纸。院体派画家一直使用绢作画，文人画改用纸。绢的表面质地光滑，适于连水带墨长长的线条与笔触，特别是用中锋的长线来勾勒轮廓。同时绢又不渗水，宜于精整地描绘事物。数百年的绘画过程中，院体派形成了一整套适合在绢上作画的技术。这种特定的技术效果已经是一种定型的审美形态了。

安先生：纸就完全不一样。宣纸渗水，无法画太长的线。浓淡干湿的笔墨反复重叠可以产生非常丰富的效果。水墨相融还能千变万化。它完全是另一种审美。

冯骥才：我想说的，你已经说了。赵希鹄在《洞天清禄集》中谈到米芾作画就不肯"在绢上作一笔"，所用的纸"不使胶矾"，有意叫它渗水洇墨，甚至有时连笔也不用，以纸筋、蔗滓、莲房为之。这种崭新的、丰富又神奇的水墨效果适于文人丰盈复杂的内心感觉。它是一种全新的文人的语言。它给画坛带来一片前景无限的全新的感性的世界。在这里还要再强调一下，赵孟頫对文人画也是立了功的。他的"书画同源"之说，大大丰富了笔的情致与文化内涵。书法恰恰又是文人擅长的。这便使文人画一登场就活力无限和魅力十足，就像巴洛克艺术点燃了天主教一样，文人画一下子成了画坛主流。"元四家"中的王吴倪黄全是文人画家。

安先生：这四家哪个最重要？

冯骥才：倪瓒。

安先生：为什么？

冯骥才：他提出"仆之所谓画者，不过逸笔草草，不求形似，聊以自娱"和"聊以写胸中逸气耳"，这句话应是历史上文人画第一次"宣言"。他这话一说出，就与院体派界线划清，他说出文人画的本质、宗旨与定义，也是对苏轼以来文人画观的总结与升华。倪瓒有理论，有很自觉的文人画的理论。只有执这种理论的人物才是旗帜性人物。他的理论今天还有用，具体的理由我后边再说。再有，他本人学养极深，个性孤高。他的画便最具有极鲜明的文人气质和个性精神。他的画宁静、寂寞、枯索、抑郁；绝少色彩，都是黑白，这些都是他内心与性格的写照。他的画是他理论的一个范本。

安先生：你对吴镇有何看法？

冯骥才：吴镇也是明确地沿着苏轼、米芾开创的文人画的道路走下来。他说："墨戏之作，盖士大夫之词翰之余，适一时之兴趣。"这表明他走文人画的路非常自觉。他这句话是给当时的文人画定了性。但也表明，文人画最初不是职业的，而是文人的一种生活文化。最初的文人画也是最本质的文人画。初衷最能体现本意；本意往往就是本质。

安先生：你这句话有意思——元代文人画不是职业的。依然是隶家画，业余的吗？

冯骥才：元代的文人画由业余走向专业。文人已成画坛的主宰者。

安先生：这倒让我想到，西洋绘画一直没有文人画。其实达芬奇也有
很好的文学修养。为什么他的画是纯客观的、技术型的，不是
属于自己心灵的，而主观主义的西洋绘画直到后期印象主义才
出现。

冯骥才：在西方，关于艺术表现心灵的话题，出自古希腊的哲学家苏
格拉底与大雕塑家克莱尔的一次谈话。在克莱尔说出"美"基于
数与量的比例之后，苏格拉底便道出那句名言："艺术的任务恐
怕还是表现心灵吧！"可是苏格拉底这句话被后世画工高超的画
技掩盖了。

安先生：为什么？

冯骥才：一方面由于西方没有中国式的士与仕、文人与士大夫这个十
分明晰的社会阶层。另一方面与工具有关。在西方，自古作画与
写作是完全不同的两种工具——钢笔（写作）和画笔（绘画），
相互性能迥异，绘画与写作无关，能文善画者寥如晨星，绘画水
准最高的作家如歌德、莱蒙托夫、雨果、安徒生、马雅科夫斯
基、萨克雷等等，在专业画家眼里还是业余的。在中国，作画与
写作用的是同一种工具，都是纸笔墨砚，文人对工具性能十分熟
悉。他们用毛笔和宣纸写文章，也写书法，又作画，不分彼此，
诗文书画很容易成为一体；相互作用，相互丰富，相互融合。所
以既有"诗画一体"之说，也有"书画同源"的说法。古来文人
就讲究琴棋书画，触类旁通。因此说，文人画最能表现中国文化

的特征。

人类历史的规律是，随着社会生活的发展，人的审美必然不断地变化；人类的艺术不会总在一种观念与形态下原封不动。但西方绘画从纯客观、技术性的绘画观里走出来较晚，直到工业革命时期，人追求个性张扬和自我表现，主观主义的绘画才露出面孔，这就是你刚才说的后期印象主义时期。塞尚、梵高、莫地里安尼等等。

安先生：我把话题扯远了。现在必须又回到文人画上来。宋以后院体派衰落的原因是由于文人画的兴起和取代吗？

冯骥才：一方面是院体派走到尽头。就像宋人写诗怎么也写不过唐人，这样宋词就蹦出来了。

安先生：人们看院体画的时间太长了，早已经审美疲劳了。

冯骥才：另一个原因是文人画给绘画带来无限空间与可能，也给自己带来无限可能。文人在极其私人化的状况下作画，个性随心所欲地发挥。一下子，绘画变得千差万别。这使文人画充满魅力。元代文人画的崛起，非常像法国印象派那样，给人以改天换地的感觉。

安先生：元代文人画还有一个新面貌，是诗文与印章登上画面，这应该是文人画对中国绘画的一大贡献。

冯骥才：我赞成你的说法。诗文被写在画上，朱红的印章也盖在画面上，一种焕然一新的文人画面貌被完成了。当然，这些做法始于宋代苏轼、米芾那几位。他们已经随手在画面上写字写诗盖印章了。我说随手，是因为这都是文人擅长的、惯用的，是一种文房特有的美。对于文人来说，与写作最近的是书法；写作之外，最先成熟的艺术品种也是书法，所以把诗文写在画上很自然。印章也是书法中常用的。特别是元四家的画大多是水墨的，黑白相间的画面上盖两三方朱红小印，十分优美和优雅。当诗文、书法、绘画、印章这四种艺术——诗文（文字）美、书法美、绘画美、印章美这四种艺术美合为一体，不仅成倍地增加绘画的文化含量和艺术含量，一种中国文人独有的美的形态被创造出来。

安先生：元代的"画上诗"和宋代的"画中诗"有什么区别？

冯骥才：画中诗属于内容的，与画境融为一体的，可视的；画上诗一方面是内容的，但需要欣赏者用联想去体会二者相补相生的关系；另一方面画上诗又是形式的，画面与书写的文字相互搭配，构成一种唯文人画才有的形式美与意韵。

安先生：有人说，当代人对中国画形态的基本印象与认知来自文人画，你同意这种说法吗？你认为文人画超过了院体派绘画了吗？

冯骥才：当代人——无论中国人还是外国人对中国画的印象都是元以后文人画的形态。这由于院体派距今较远，内容古老，当文人画登上画坛，这种写实能力很强的院体画一直没有发展，最后僵死，与今天的绘画失去联系。再有，文人画的形式更为中国所独有。当代人——特别是外国人便误以为文人画为中国画的全部。我再回答你后半个问题，我不认为文人画超过院体绘画，也无法超越院体画。艺术之间无法超越，只能区别。对于整个中国绘画来说，文人画应是拓展了中国绘画内在的容量与表现力，文人画深入到本性与心灵的层面。

安先生：这样一来，写实的绘画是否就受到压抑？

冯骥才：你这话很尖锐。元以后文人画的一统天下，大大削弱了中国画的写实与反映现实的能力。连写实技巧也没有发展。人物画由此衰落。再也看不见《簪花仕女图》和《清明上河图》那样的作品了。这是文人画潮流带来的巨大的负面。

安先生：元代文人画是中国绘画史的高峰吗？

冯骥才：是的。中国画史有三个高峰。一是宋代的院体画，二是元代的文人画，三是清代的大写意画。

安先生：从文人画开始，画家开始在画上公开署名。照你刚才说的，这是独立人格的一种表现吧。

冯骥才：是的。这是个了不起的事。文人署名，表示自己不再隶属于任何人。他们以笔墨敞开心扉，还用长长短短的诗文，表达思想，直抒情怀。比起院体派，文人画是自由的艺术。这也是元代以来，文人画漫漶开来的根由。

安先生：文人画除去把绘画从"文本艺术"变为"人本艺术"，并且融合文房各种美的元素之外，还带来什么东西？

冯骥才：文化。文人的气质，品格，素养，底韵。这也是文人画特有的精神内涵与文化内涵。

安先生：文人画有没有负面的东西？

冯骥才：文人的逃避现实。不入仕途的文人大多抱着避世态度。淡泊名利，不问现实，移情山水，寄兴花草，所以文人画在题材上基本上是山水花鸟——文人画也正是在这方面成就卓著。但人物画成了中国画的软肋。文人画这个致命的弊端在元代已经表现出来了。

安先生：到了明代应该就是文人画的天下了吧。

冯骥才：明代的画坛非常复杂，很难一言以蔽之。明代的前期、中期和后期分别被三个画派所称雄。前期唱主角的是浙派。浙派的根据地是杭州。杭州曾经是南宋画院马远、夏圭的所在地，院体画风一统天下。在明代，从明太祖那时就恢复了宋代宫廷画院的体制，还设立了待诏、副使、锦衣镇抚、供事内庭等十几个职位。院体画风重现盛世。一个院体风格的画派——浙派应运而生，还有一些高手如吴伟、李在、王谔、戴进、朱端、吕纪等支撑大局。这很投合明代初期驱走异族统治而带来的一种社会上的"山河重光"的怀旧情感。

安先生：文人画消匿一时了吗？

冯骥才：没有，只能说没有浙派势头大。然而至迟到了成化年内，一个文人画派就生机勃勃成了气候。

安先生：应该是吴门画派吧。文（征明）沈（周）仇（英）唐（寅）四大家。他们的出现与江南经济繁荣和城市兴起有关。后来，董其昌的松江画派的出现也明显有着社会经济的背景。经济繁荣促使城市形成。城市里必然集结一批富人和文人。

冯骥才：是呵。可是刚才我就说了，明代的情况很复杂。文人里有在朝的士大夫，也有在野的文人墨客。有的文人与宫廷关系密切，画风上受院体派影响。比方文人聚集的吴门画派虽然以"明四家"为领袖，但是这四个人中间只有两个是纯文人画家——沈周和文征明；唐寅和仇英的画风是标准院体派的。如果把仇英放进画院，也是一位不容置疑的领袖式人物。

安先生：你怎么看唐寅？在一般人眼里，唐寅是"江南第一风流才子"，诗书画无所不能。他的画按说理所当然是文人画了。

冯骥才：其实他的画是标准的院体画。他爱用绢作画，师法宋代的李唐和刘松年。他山水的皴法是地道的斧劈加钉头鼠尾。造型具象，构图严谨，许多画面都像是从宋画里搬来的。人们对唐寅的印象受世俗的演义所歪曲。好像他风流倜傥，十分浪漫，其实在年轻时就患上肺痨，54岁便死去。他是文人，但他的画不是文人画。对于深具文人画影响的吴门画派，发挥主要作用的应是沈周和文征明。沈周自年轻就淡泊仕途，喜好诗画与书法，终日浸淫其中。他的画平和、清雅、含蓄和意味深远。这对当时在野的文人画家们具有"导向"的作用。明代是文人画推广的时代，由于沈周和文征明的影响，大批文人参与到绘画中来，并把绘画作为他们生活的一部分。同时也接受了自倪瓒以来"写胸中逸气"的绘画观。

安先生：对明代文人画有广泛影响的另一个人，应是董其昌了吧。

冯骥才：我想你一定提到他。我年轻时读绘画史，董其昌一直被当做保守主义的代表，因为他主张复古。我很少注意董其昌的画。我看画的原则是：看复古的画不如直接去看古人的画。后来，我在美国的一些大学去讲我的小说《三寸金莲》时，在中部的密苏里的博物馆居然看到大批董其昌的画，气势高雅又高贵，美极了。那个博物馆还展出一个夏圭的长卷，好像是《四景山水图卷》，反而不觉得很美。我惊讶美国人怎么会收藏如此之多董其昌的精品。美国著名的汉学家葛浩文说，美国有些人专门研究董其昌，他送我两本大画册，都是美国人写董其昌的论文。他们把董其昌当做中国画的代表。

安先生：你从此改变了对董其昌的看法？

冯骥才：不那么简单。我刚才说明代的画坛复杂，就与董其昌有关。首先他把中国画分为南北两大派，并依照佛教的顿悟和渐悟，称之为南宗和北宗。尽管他划分为南宗和北宗的标准与被划分为南宗或北宗的画家不相吻合。但他的理论目的十分明确——他反对以技能取胜的北宗，推崇追求神韵的南宗。他褒南宗抑北宗；弘扬南宗，排斥北宗。所谓南宗就是文人画。被他划入南宗的画家从唐代的王维、宋代的苏轼、元代的四家直到同时代的沈周与文征明。他对绘画本质的阐述十分符合文人画，比如"画之道，所谓宇宙在乎手者，眼前无非生机"，"以画为寄"，"寄乐于画"等等，这些话都在他那部画论《画禅室随笔》里边。他官至尚书，身居高位，周围聚集着一大批著名的士大夫和文人画家，如顾正谊、赵左、莫是龙、陈继儒等。这样他的理论与言论就非同一般，对文人画的发展以巨大的推动。

安先生：我很想听一听你怎么看他的另一面。

冯骥才：他的南北宗理论——也就是褒南抑北之说，大大贬低院体派的历史成就，致使文人们自命清高的同时，偏激地把院体画斥为出自工匠手中皮相笔墨。由此降低了中国画的造型能力和对现实的关切，把中国画引入单一化的文人画的死胡同里。更尤其，他一往情深地提倡复古，他的"师古人"比赵孟頫倡导的"古意"影响大得多，也糟糕得多。赵孟頫推崇的不过是"古意"，他顶礼膜拜的却是"古人"。自此，中国画的款识上最常见的是"仿×××笔意"，"傚×××笔法"。以古人为至上，以模仿和酷似古人为荣。到了清代，文人画一统中华，院体派几无身影。尤其到清代娄东派和虞山派（四王）的笔下，画面彼此相像，毫无生命气息。这些应与董其昌有关。

安先生：看来你认为董其昌过大于功？

冯骥才：客观说——是的。董其昌要不说那些话就好了。他一方面推动了文人画，一方面又使文人画患上重病。他本人的画很好，书法也十分好，他却把整个文人画运动推进复古主义的泥淖中。

安先生：明代画坛就没有一个没患病的文人画家吗？

冯骥才：有，"一个南腔北调人"——徐渭。中国社会有个规律，每到一个朝代的衰落期，统治者束缚乏力，就会有一些极具个性的人物出现。再有便是八大山人。八大山人是中国文人画的高峰。他哭之笑之，全付诸笔墨。每一见他的画，如听到一声雷声。他的画直诉心灵。他与倪瓒、苏轼以及后来的郑板桥连成一条线，就是文人画的主线。

安先生：你这么推崇八大山人？

冯骥才：想想看。如果从董其昌直接蹦到四王那里，没有八大、石涛，没有扬州八怪，中国画不全成了复制品了吗？中国画最大的问题是彼此相像——至今如此！八大的价值是个性的直接呈现。石涛的价值是"师造化"和"搜尽奇峰打草稿"。

安先生：你说中国有个性的文人大都出于衰世或乱世。扬州八怪为什么出自乾隆盛世？

冯骥才：经济高度发展的时候或地区，也会为专制社会松绑。当时扬州太发达了，书画市场很活跃，一些有名气的画家靠卖画活得挺舒服。这里需要指出，清代画坛已是清一色的文人画。文人不再是"词翰之余，适一时之兴趣"，而是为温饱和财富而作画。一但他们进入市场，成为职业画家就开始变质，他们一定要受市场的束缚。个性便被世俗的爱好所左右。像黄慎、闵真、李方膺都多少带点卖相了。但有的画家不错，坚持一己的个性。八怪的"怪"便由此而生。

安先生：可是"怪"也能成为卖点。

冯骥才：这话说到家了。我也曾怀疑扬州八怪的称呼是市场制造的一种诱惑性的说法。

安先生：扬州八怪中你最喜欢哪个文人画家？

冯骥才：最具文人特点的画家郑板桥，最具文人气质的画家是金农。读一读郑板桥的题画诗文，就能领会他的"家事国事天下事"俱在画中。他那幅"一枝一叶总关情"，应是中国文人画的经典。

安先生：四王不是文人画家吗？

冯骥才：我大胆说一句，清代绝大多数的"文人画"，只是"文人的画"，不是"文人画"。特别是当文人画职业化了之后，文人画的形式和方法也被程式化和套路化。这种相互因袭、日趋陈腐的气息从王原祁和王时敏直抵民国年间的湖社。文人画面临绝境。幸亏有几位大画家走到画坛的中央。

安先生：我知道你指谁而言，因为你以前说过。不过我想问你，为什么你说齐白石和傅抱石是文人画家，而李可染不是？

冯骥才：李可染是技术型的。他的画很好，但内涵有限。他的画中没有自己，也没有文人的气息。傅抱石和齐白石都有，有文化内涵和气息，也有他们的喜怒哀乐。他们的画宣泄自己的情感。画意深远，意味无穷，画中的境界都是他们自己心灵的创造。

安先生：民国画坛还有什么值得重视的现象？

冯骥才：民国画坛比明代画坛还复杂。一是外来艺术冲入中国，中西文化强烈的冲突，中国人封闭太久，所以每次遇到社会的转型，都喜欢时髦，喜欢过激。大批年轻人跑到西方学习西画，就像追求新思想一样。也正是这个时期"中国画"的名称才出现。古代没有"中国画"一说，因为古代中国人没见过西洋画，没有比较，也就没有"中国画"的概念。

安先生：这个问题过去我还没想过。

冯骥才：民国期间，中国画需要面对西方画反观自己，但中国的画家仍在一往情深、日复一日地唱着文人画的老调，很少反思。另一方面是近代城市的高速发展致使绘画作品市场化速度加快。这使得作画速度较快的大写意画客观上得到发展。比如海派。但海派的画大都具有卖相，是一种商业画，一种在上海滩上热销的商品画，市井气很浓。这使得徐渭、八大以来的大写意画世俗化。

安先生：你竟如此看待海派。他们的画风是文人画的。

冯骥才：只能说形式是文人画。但内涵空泛，实际上是商业画。

安先生：你好像愈说愈有点悲观。

冯骥才：这因为文人已经渐渐撤离画坛了。自从废除科举，文人们不为仕途念书。传统的文人向近代的知识分子转化，五四以来，看重的是社会的进步与思想。同时改用钢笔写作，渐与笔墨无关。就像西方人那样绘画与写作分道扬镳。文人开始撤离画坛，只把一种古代的文人画的传统留在画坛上。等到1921年陈师曾出来，捧出一篇《文人画的价值》。给文人画下定义，明确指出文人画要表达独立精神、个人思想与情感，以及个性之美。因为他已经痛感"文人画终流于工匠之一途，而文人画特质扫地矣"。应该说，这是古往今来把文人画说得最明白的一篇文章。从文人画的性质、特征、规律、追求到理想，一直到文人画家应具有的精神品质，都说得清清楚楚。倘若这篇文章发表在明代，哪怕清初，也会发挥巨大的良性作用。可惜，在二十世纪二十年代，传统文人已到了最后一代。文人画从宋代士大夫的业余画（隶家画）到元代在野文人的专业画，再到明清职业画家的商业画，已经走到末路。文人画不可能回到倪瓒和苏轼的时空里去。本来陈师曾把他的文章当做一篇"文人画宣言",但实际上已是一曲文人画的挽歌与哀曲。

安先生：既然文人已经撤离，历史无法挽回，你为什么今天还要提文人画呢？

冯骥才：我想，我所提的文人画是一种为心灵而画的精神，一种非商业的艺术行为，一种文学的气质与韵味。因为，它至今仍是中国画的一种缺失。这些我会在明天"我的绘画观"里仔细道来。今天我们从绘画史来思辨文人画，明天从我的言论来思辨我的绘画观。可好？

安先生：和你谈话很有趣，有启发。你对文人画的历史看法很有主见。不过有的问题我还要再想一想，说不定要反驳你。

冯骥才：只有遇到反驳才会进一步思考。我害怕你只是点头同意。你只点头，等于终结我的思考。

关于个人的绘画

1. 个人绘画观

安先生：你为什么画画？内心处在什么状态时最想用绘画表达出来？

冯骥才：关于为什么画画，我写过一句话"人为了看见自己的内心才画画"。也就是当心里的东西转化为一种可视的画面时，我便渴望把它呈现眼前。此时我的心里很急，希望瞬息间就完成。我写过一个对联"万般思绪，百挥不去；一呼即来，十足精神"。

安先生：你写作时，比如写一篇小说或散文时，也这么急吗？

冯骥才：不，我要一点点挖掘。有时一篇小说要反反复复写很多遍，散文也是一样。所以高尔基说文章是"改"出来的。画不能改，尤其是中国画，一笔上去，或成或败，立竿见影。

安先生：咱们还说急，你为什么作画时这么急？

冯骥才：我说"人为了看见自己的内心才画画"。这是一种心情和情感。感情中间没有理智。

安先生：这就是说，你的文学的动机比较理性，绘画的动机完全来自情感。

冯骥才：可以这么说。更准确的说法，是来自内心。

安先生：内心包括什么？

冯骥才：内心是心灵。心灵是一个世界。它包括向往、追求、爱与梦、隐秘、万般心绪、各种情感和感受。

安先生：这些都是很私人化的东西。

冯骥才：内心当然是私人的。私人是最真实的个人。个人是艺术的出发点和立脚点。

安先生：你的绘画是纯艺术吗？文学呢？

冯骥才：我的绘画是纯艺术的。文学多半不是，我的文学很少私人化的，包括散文。我有的散文有私人性，但没有绝对的私人化。我对自己已做过分工。我说："艺术，对于社会人生是一种责任方式，对于自身是一种深刻的生命方式。我为文，更多追求前者；我作画，更多尽其后者。"

安先生：你对自己把握得似乎很清晰。

冯骥才：在理论上还算清晰，但一进入具体创作就会"跟着感觉走"了。

安先生：现在我们把问题拉回到绘画来。你怎样把一种内心状态转化为一种可视的画面？有意的，人为的，还是听凭自然？

冯骥才：这种转化不是人为的，是一种自动转化。往往激情来了，眼前立即会出现奔涌的大潮，狂风中的森林，一泻千里的长河。作画的冲动随之而来。当然，多半是这些发自内心的东西转化为一个独特的画面时，也就是升华为艺术时，我才开始作画。

安先生：你这种激情来自生活实感，还是一种莫名的激情？

冯骥才：问的好，两种都有。

安先生：你刚才说必须内心的东西升华为艺术时，你才动笔。你为什么用了"升华"两个字？

冯骥才：因为艺术是一种高级的创造性的审美表现。

安先生：怎么叫审美的表现，我是不是有点刨根问底？

冯骥才：不，你应当往下刨。就是说你心中的画面必须具有独特的审美价值和绘画价值。

安先生：你的绘画价值指什么？

冯骥才：职业画家们看得最重的那些东西。属于绘画本身的那些东西。形式的、技术的、艺术感觉的、表现能力的。

安先生：你认为这些不重要吗？

冯骥才：这个话题是不是可以放在后边说。

安先生：可以。你有没有不是来自性情，而是先想出一个很美的画面而作画的？

冯骥才：有。但它不同于职业画家那种纯视觉的想象。它是一种精神理想。比如我的那张《山居梦》。我在画上题写到"吾之山居应在此"。我不会为一种视觉美、一种肌理效果、一种新奇的构图而作画，我的想象多半是一种人生理想。

安先生：你好像在回答刚刚那个问题。

冯骥才：是你换个方式仍旧问刚才那个问题。

安先生：你的画面总是有很强的文学气息。你的内心是不是已经文学化了？比如诗化了？

冯骥才：作家一切精神活动最终都是文学化了的。

安先生：画家一切精神活动最终都是绘画化了的。

冯骥才：我是两栖的。所以我想象出来的画面和境界一定又是文学的画面和境界。

安先生：你把我要问的问题的答案先说了出来。我换个问题问你——你的画被誉为"现代文人画"的代表，好像日本绘画大师平山郁夫先生也称你的画融合了"作家的创造力"，是一种风格独异的"现代文人画"，你认为这种评价贴切吗？

冯骥才：我的画迥然不同于任何专业画家的画，不仅是风格不同，更重要的是从作画的原始动力到最终目的，从内涵到追求，都完全不同。依照习惯，人们总要用一个词来称呼我这种有别于他人的画。比较现成的词汇是"文人画"。一方面是因为我是作家，文化人，文人；一方面是我的画中有文学意境和文学气息。同时，我又与古代文人画大不相同，便冠之以"现代"，叫做"现代文人画"。如果从这个意义上说我是"现代文人画"，我不反对。反正比文学界一些批评家称我的《神鞭》和《三寸金莲》是民俗小说或津味小说强。人们总不会为我的画专门发明一个名词。然而，我要做的是，必须从理论上说明白我的"现代文人画"是什么，以免误解。或者误以为我还是像古人那样"翰墨之余，聊以自娱"。因为每一个现成词汇里都有一种既定的文化内涵。

安先生：你既然不是"翰墨之余，聊以自娱"，你和传统文人画有何关系？

冯骥才：传统文人画和文人画传统是两个不同概念。传统的文人画是属于历史的，它是一种既定的形态，是过去时的、静态的、不变的；文人画传统是一种特定的、动态的、可以不断创造的。前者是死的；后者是活的。我和文人画的关系，主要是和后者——活的传统的关系。

安先生：什么是文人画传统？

冯骥才：文人立场，独立品格，个性为本，直抒心臆。

安先生：什么叫文人立场？

冯骥才：一是独立的精神，一是文人的修养。这是文人的根本。

安先生：你反对作画"自娱"吗？

冯骥才：作画本身具有自娱成分。但我作画不只是为了自娱。

安先生：你和传统文人画的区别在哪里？

冯骥才：表面看，我的画与古代文人画一点也不一样。现在一些所谓
的"新文人画"，是在模仿古人，装高雅，我称之为做"古人秀"
或"文人秀"。

安先生：为什么？

冯骥才：古人不用手机、不上网、不开会、不出访、不看《人民日
报》和新闻联播，怎么可能一样？我们用手机、上网、开会、出
访、看《人民日报》和新闻联播，然后再去画那些残山剩水、抚
琴弄舟、养菊养鹤、把酒唱诗，那不是做"古人秀"吗？每个时
代的文人都有自己独有的精神，如果没有自己的精神，那也只能
做秀。

安先生：关于你的画一切具体的问题下边再谈。先谈谈，你认为画家
需要理论吗？

冯骥才：自古以来重要的画家差不多都有理论。比如郭熙、苏轼、倪
瓒、董其昌、石涛、郑板桥等等，数不胜数。但艺术家的理论与
理论家的理论是不同的。艺术家的理论是他对自己所从事的艺术
的一种理性思考。他们不像理论家那么系统，但充满灵性的发
现，言之有物，不会隔靴搔痒。没有一个好的艺术家不思考艺术
本身的。不过，有的艺术家能够用理论性的文字把这种思考梳理
出来，有的没有写出来。但这不妨碍他是非常优秀的画家，比如
八大。这因为，尽管艺术家需要用大脑思考，但更需要很好的艺
术感觉。或者说，对于艺术家——思考是大脑，感觉才是生命。

安先生：你好像很有理论能力。

冯骥才：应该说，我有理论的兴趣。我在文学和历史文化保护方面都写过大量理论性的文字。我喜欢把丰繁的感觉梳理得清晰有序，喜欢反复思辨和层层深入。我曾经感觉到在理性思维时，大脑的空间里各种思维的轨迹穿插有序，层次分明，境界异常优美，为此我画过一幅画，叫做《思绪的层次》。

安先生：我接下来的一个问题是，如果有的艺术家连理性思考也没有，可以很杰出吗？

冯骥才：如果是今天的艺术家，那就不可能很杰出。在当代社会中，艺术高度发展，信息传播太快，相互影响和相互排斥，艺术家必须找到自己的独特价值，对外部世界保持清醒，对自己的把握十分自觉。我说过，艺术家在相同的道路上一同毁灭，在不同的道路上各自成功。

安先生：你有意与别人保持不同吗？

冯骥才：如果我找不到个人的艺术道路，与别人走到同一条路上去，我就会失去自己。从这个意义上说，任何人对于我都是陷阱。但是这个"不同"不是强求的、刻意的、硬造的，更不是在形式和技术效果上寻奇作怪。我们和别人的不同实际上在自己的身上。

安先生：你认为关键是主体。找到自己的个性，也就找到与别人的不同。

冯骥才：对。文人画的价值正在这里。文人是抒写自己的心性。可惜文人画这个本质叫董其昌掀起的复古大潮破坏了。

安先生：农民画也需要理论吗？

冯骥才：民间艺术家凭天性来画画。他们本人不需要理论，他们的艺术却需要理论的总结。

安先生：是的，这方面的事你也正在做。现在该谈谈你的画了。

冯骥才：好呵，请先饮这茶——宁波望海茶，用水沏了，碧绿一片，茶片全立在水里，叶尖放香，无论形态还是味道，都非常独特。

安先生：你已经开始谈你的画了。

2. 个人的画

安先生：你在从事文学之前专业作画和现在作画有什么本质区别吗？

冯骥才：以前我是职业画家，现在是"文人画"。以前我必须天天画，现在我心里想画才画；以前的画都是依照绘画的规律想出来，讲究笔墨功力与构图，追求视觉效果；现在完全是信由心性。

安先生：信由心性是一种什么感觉？

冯骥才：放开心灵，抒发情怀，每一笔像是心里抒发出来的，画画时的感觉很美。有时还像写文章——边写边深化自己。

安先生：你的一二十年作家生涯是否改变了你？

冯骥才：是的。主要是一进一出两个方式。进的方式是感受生活的方式，出的方式是表达内心的方式。画家感受世界是用眼睛，作家感受世界用心灵；画家的表达方式是呈现，作家的表达方式是叙述。我不知不觉运用了作家的方式。

安先生：叙述？这是一种文字的方式。你怎样用笔墨来叙述？

冯骥才：比如我那幅《忧伤》，借用晚秋的山水叙述心中一种莫名的伤感。先是在浓重的泥岸上生出一片凋零和衰落的秋树，它们无力地低垂着稀疏的枝条；然后是阴冷的天气里，隔岸迷茫的景物，都在加重此刻的寂寞和无奈。这一切，似乎被两只失群而漂泊的鸟儿感受到了，它们沉重地扇动着疲乏的翅膀飞着……你听我这么说是不是在叙述？上述的形象细节是一个个加上去的，如同散文的语言一句句逐步深化。

安先生：这确实很像散文。

冯骥才：所以我说我的画有"可叙述性"，应是一种散文性。

安先生：古代文人画的文学性是指诗性，或诗意。

冯骥才：我不排斥诗意。诗与画的结合是古代文人画的重要特征。诗的意境往往集中在一个静止的点上，作画时便围绕着这个"点"状的诗意来营造。但散文的意境不同，它是线性的，它要靠一个个细节动态地加深，就像写文章一样。

安先生：这很有意思，绘画过程本来就是线性的。

冯骥才：其欣赏过程也是线性的。

安先生：为什么你要强调散文性？

冯骥才：因为散文是更接近我们这个时代的方式。

安先生：这就是你"现代文人画"中的"现代"吗？还有谁也是这样？

冯骥才：它是我区别古人的主要一点，当然还有别的——我放在后边说。具有叙述性的绘画有两位画家，一是林风眠，一是日本的东山魁夷。

安先生：林风眠好像没写过散文。

冯骥才：和他写不写散文没关系。我是说他的画具有叙述性，可以像散文那样一句一句叙述出来。林风眠还有一种伤感气质。画面的主调低沉又深沉，我很喜欢。谈到林风眠，还有一点我很注意。他有一段话这么说的"中国现代艺术因构成之方法不发达，结果不能自由表现情绪之希求，因此当极力输入西方之所长，而期形式上之发达，调和吾人内部情绪之需求"。我们称赞林风眠在中西艺术上结合的成功。他这段话却道明这个成功的关键，即为了"自由表达情绪"。这正是文人画的本质。

安先生：你的话可以证实到你身上隐约有点林风眠的影子——这是我早已感到的。有时有，有时没有。请你谈谈，还有哪些画家影响了你？

冯骥才：还有东山魁夷，他也是散文家。

安先生：我读过他的散文，确实非常美，十分宁静，和他的画一样。有喜多郎的音乐那种空灵感。你们的气质有些相像。

冯骥才：能在气质上影响我的不多。凡是在气质上影响我的，都和我的某些气质接近。

安先生：你这个人很达观，喜欢朋友，爱说笑话，平常公开的场合里几乎看不到你有伤感的气质，也看不到你会沉溺于宁静。但你的画确实有一种或浓或淡伤感，为此你最喜欢借用秋天的事物，有些画还近于苍凉，比如《秋之苦》《往事》《心中的风雪》等等。你的画大多是十分宁静的。你的画为什么和你这个人不一致？

冯骥才：还是一致的。你刚才用了一个词很重要，就是"平常公开场
合"。很多人对我的印象是从各种公开场合中得出的，但我的画
所表达的是我心灵更深层、更本色的部分。

安先生：我承认你的画的气质魅力往往就在这一面上。你为什么把自
己这一面刻意埋藏起来？你是不是有两重人格？

冯骥才：这已经超越我绘画的问题了。

安先生：好，现在回到别人对你的影响方面。有哪些画家你很喜欢，
但对你没影响，为什么？

冯骥才：八大和齐白石都是我至尊至爱的画家，但对我毫无影响。主
要是我的气质与他们截然不同。此外，在艺术上我不需要像他们
那样提炼笔墨。我从不炫耀笔墨和技巧。

安先生：你也认为"笔墨等于零"吗？

冯骥才：对于一个画家，如果拥有并自信自己笔墨的能力和审美价
值，便可以这么说。如果他的笔墨的能力有限，在审美上又立不
住，还要说"笔墨等于零"——那就"见与儿童邻"了。

安先生：笔墨作为一种语言之外，有没有独立价值？

冯骥才：当然有。包括线的功夫，肌理美、皴法美、水墨的变幻美；
笔墨的独立审美价值还因人而异。比如线条，吴昌硕的线，金农
的线、齐白石的线，各有各的美，各有各的意味与神韵，互相不
能代替。

安先生：你追求这种笔墨的美吗？

冯骥才：追求，但不是我的第一追求。我追求心性之表达。笔墨于

我，首先是一种语言。它要支持我的第一追求。同时笔墨的美也要表现出来，但不能游离在外，只表现它自己。比如《春风又吹绿枝条》中那些游丝般的长线，首先是抒写春风一般的柔情，而线条自身的美与功力也会自然地流露出来。

安先生：你对自己的笔墨似乎很自信？

冯骥才：笔墨是基础。这一关早过了。但这些基本功还远不够用，笔墨的能力还要根据自己的需要不断开拓。

安先生：学中国画都是从套路化的笔墨学起的，你早年苦练过很长时间院体派的笔墨技巧，这些东西今天对你的作用是正面的，还是负面的？

冯骥才：正反面全有。在艺术上，一切既有的都是自己的障碍。这包括既定的技法、风格、审美方式。尤其是我初学画时那一套院体派的画法太完整了，它往往会把人异化。一出手就是这样，很难从中走出来。至今我的画还会流露出一些这种遥远的基因。

安先生：你不嫌自己的画比较具象吗？

冯骥才：关键这具象是不是一种纯客观的绘画对象。如果是一种纯客观的对象，我会没有心情画下去。我的具象全都是心中向往的，寄寓着我的性情，呈现着我的想象。

安先生：这种具象会不会是对一般观者的一种迁就。一般观众总是比较容易接受具象？

冯骥才：你想问我是否媚俗？

安先生：说媚俗就是一种否定了。我挺喜欢你一些很具象的画，比如

《树后边是太阳》《期待》等等。我是说你作画时是不是因为想到了多数观者的接受习惯而选择了具象？

冯骥才：没有。我作画只遵从自己的感受。我不是选择了具象，而是习惯了具象。

安先生：这习惯是否还是院体派绘画对你的影响造成的？

冯骥才：你真厉害！是的，院体派，古典主义的画都是具象的，我的具象思维源自古典。你是否像时髦评论家那样认为抽象比具象高明？

安先生：那就看你的具象是否高明了。具象是否高明，只能与具象相比；抽象是否高明，只能与抽象相比。

冯骥才：就像鱼儿不能和鸟儿相比一样。

安先生：这里边的道理我们已经讨论得很充分，现在该谈谈你与古代文人画的关系了。关于你与古代文人画的相同之处，你谈了不少。最关键的是抒发心性。但从形式上看你与古代文人画却大相径庭。比如你很少题跋，为什么？

冯骥才：多数时候是因为自己的意思已经在画里边了，没必要多此一举。再有我的画面不宜题字，题字反而破坏画境。

安先生：你的画很满，似乎也没有地方可以题字。为什么你很少留空白呢？

冯骥才：空白最高深的意义是"此时无声胜有声"。空白不是"无物"，而是"有物"。可是明清以来的绘画里，空白的精髓被抽去，没有想象，成了白纸，使得画中的形象与景物摆在白纸上很虚假。

我想用画境把纸融化掉。但是《树后边是太阳》中的雪地，还有许多画中的光线，我用的都是"白纸"。我喜欢这样创造性地用"空白"，赋予白纸以特定的生命。

安先生：你虽然不在画上题字，却很注意画名。有时很像一篇散文的题目，它很重要吗？

冯骥才：是的。你说得对，它们就是散文的题目。我的画本来就是一篇篇散文。这些题目很重要，可以帮助别人理解我的画。比如《往事》这个题目，不是让你更能体会那一片秋风里飘泊着的荻花中的意味？

安先生：你像作家对待篇名一样重视画名。

冯骥才：经你一说，我才发现这真的是一种作家的思维与方式。

安先生：树的枝条，流水，还有你刚说的芦苇荻花为什么总出现在你的画里？

冯骥才：流水和风中的树枝都是动的，适于表达我作画时变化的心绪。对于我，树的线条是一种心迹；水的急缓动静是我的各种不同的心境。芦苇里有一种很特别既温情又忧郁的感觉，很宜于描述我经常出现的心情。

安先生：鸟和船也常常可以在你的画中找到，它们的意义何在？

冯骥才：它们在画中的位置也是我在画中的位置。是我的代替物。

安先生：为什么你的鸟往往只是一个黑影？这在别人的画中很少见到，为什么呢？

冯骥才：鸟画具体了，容易给人印象是花鸟画。其实我们在大自然中看到的鸟，就是一个灵动的跳来跳去的影子。尤其逆光的时候，鸟的影子很黑，极美，像生命的精灵。

安先生：说到光，似乎你对光有特别的情感。

冯骥才：情感两个字说得很准。我醉心于光。阳光给万物以生命，万物在光线中最有生气也最美丽。

安先生：为此，你画了一张《照透生命》。

冯骥才：是的。

安先生：你明显地偏爱逆光和夕照。为什么？

冯骥才：逆光中，事物的一多半变得模糊，光影重重，有种生命的神秘美。在各种光线的照射中，只有逆光有这种美，它使万物顷刻间变得超凡脱俗。至于夕照，我很迷恋。我刚写过一篇散文叫《夕阳透入书房》，请你有时间看看。

安先生：古人很少描写光。

冯骥才：东晋顾恺之的《画云台上记》开始第一句就是"山有面则背向有影，可令庆云西而吐于东方。清天中，凡天及水色，尽用空青，竟素上下以映日"。表明那时已注重光影的表现。但在唐宋绘画中却找不到描写光的画面。中国画最多只表现四季和日月晨昏，没有更具体的时间性，从来不注重光的表现，也没有表现光的技法。我见过金农的一幅立轴《月华图》，画上当空一月，周围的月光只是些淡墨的四射的线条，很笨拙。

安先生：你怎么表现光？

冯骥才：利用白纸，这我刚才说了。就是运用中国画"空白"的原理，把白纸作为光线。

安先生：这是一种很新的手法。

冯骥才：我用白纸表现光，主要是两个地方。一是在树的缝隙里留出空白，以表现林中的光明，使其有空间感；一是直接用白纸作为阳光。

安先生：在《照透生命》中，这种用白纸来表现光线的效果很强烈，刚才你也说到在《树后边是太阳》中，那布满长长的树影的大片雪地，也是利用纸的白，这是你的一个创造。

冯骥才：只能说明中国画的笔墨有巨大潜质，有待我们去发掘。

安先生：谈到笔墨，我想问你，为什么你坚持以墨为主色，你如何处理墨与色彩的关系？

冯骥才：墨在中国画中不只是黑色，是一种语言。就像黑白照片，一样能够表现色彩缤纷的世界。如果失去墨，就没有中国画。在水墨唱主调的中国画中，色彩运用的原理是看它能不能与墨产生关系——无论是与墨谐调，还是与墨对比。只要能够与水墨有机地成为一个整体，便都能入画。古代画家的浅绛山水，就是拿花青和赭石与墨谐调，为此还把赭石与墨调和为赭墨，把花青与墨调合为螺青，设法使色彩与墨融为一体。

安先生：你拒绝哪种颜色？

冯骥才：金色和银色。

安先生：现在我们从你的画面跳出来，谈几个作画过程中的一些话题。听说你的一些画与音乐有关。比如《小溪的谐奏》《古诺小夜曲》《F 调旋律》《船歌》等等。是音乐诱使你生发出这些画面，还是你作画时一直伴随着这些音乐？

冯骥才：我作画时多半是听着音乐。我写散文时也如此。我要找一些与写作或画画情境相近的音乐，一边听，一边或写或画。我让音乐帮我确定这种心境。因为在创作过程中常常会发生一些微妙的变化，使初衷走调或迷失。此外，我确实也有一些画面是被音乐唤起的。比如《小溪的谐奏》，是克莱德曼的一支钢琴曲使我感觉像一条清溪由远到近冰凉地从心上流过。

安先生：你受摄影影响吗？

冯骥才：我非常爱摄影。最近一个出版社约我编一本摄影集。

安先生：你喜欢听哪些音乐，古典的、现代的、中国民族的、流行的？

冯骥才：最常听的是西方古典的，经典的。

安先生：那天那位意大利的文化参赞说，看你的画能感受你很浪漫，你是否很浪漫？

冯骥才：所有艺术家的精神都是越矩的、浪漫的。但这种浪漫不是人为的，而是一种天性。

安先生：如果你作画时心中先有一个幻象，落笔后想象的画面发生变化怎么办？

冯骥才：下笔前的幻象只是一种感觉，并不具体，朦朦胧胧，飘忽不定，一旦落在画面上，就会发觉它是另一个样子，这种情况常有。再说，作画过程中还要不断地变化，不断地出现意外。但是不管画面怎么变，只要心性还在就可以了。这个道理郑板桥也讲过。当他说到作画时常常感到"胸中之竹不是眼中之竹，手中之竹又不是胸中之竹"。这时，他提出两个关键词即"意在笔先"和"法外化机"。只要"意在"，即心性在，完全可以随机而变，随意挥洒。这正是文人画的特征。

安先生：有没有胸无成竹而落笔成趣的时候。

冯骥才：有。有时，有了画兴却没有幻象，只有一种情绪在心中鼓荡。这是一种很美的感觉。因为桌案上的白纸充满灿烂的希望与可能。这时一落笔，形象就诞生了。

安先生：如果画成之后并不满意怎么办？也就是画坏了怎么办？

冯骥才：画不一定全画成。享受了过程就是享受了作画的全部。我最近还写了一篇《作画》，也请你有时间读一下。作画的过程，由绘画欲望的萌生到骤至，从第一笔落纸到它的全过程，其美其妙，无以伦比。尤其是宣纸和水墨碰在一起，充满偶然，也唤起无限新的灵感与想象。作画的成果属于别人，作画的过程属于自己。没人能够和你共享这个充满变数的过程。

安先生：最后一个问题还是关于你的画。你说过你的画不重复。为什么？是有意不重复吗？

冯骥才：不是有意不重复，而是无法重复。因为大多数画都是在一时的特定的心绪和情境中产生的。这种心绪是自然而然的，无法重来；心中的画面也是随之生发，也不是刻意营造的。曾经两次应人要求，按照画幅重复画一遍。结果画了一半就画不下去了。因为我没有作画的情绪。就像写文章，怎么可能写一样的文章，连一样主题的文章也不可能重复地再写一篇，甚至自己写过的话也不会重复再写一遍。文学是不准抄袭别人，也不准抄袭自己。

安先生：你是骨子里的文人画，因为你凭着作家的思维来作画。再问你一个十分关键的问题，你认为你是职业画家吗？

冯骥才：我今后永远不会做职业画家。

安先生：为什么？

冯骥才：宋元的文人画，就是被明清以来的职业化毁掉的。画家若要职业化，就会付出艺术最渴望的东西——自由。

安先生：好了。你已经把自己表达得很充分了。

（注：本文安先生为虚构的问话人）

诗画天下之魅

时　　间：2005 年夏
地　　点：天津大学冯骥才文学艺术研究院
问话人：王爱红（美术评论家，《文艺报》美术专刊主编）
答话人：冯骥才

王爱红：冯先生，大家知道您是一位知名的大作家，但不知道您的绘画艺术也造诣非凡，您在文学艺术方面的修养是不是影响到您的绘画艺术，并使您的绘画有了出色的表现？请问冯先生，您是怎样与绘画艺术结下不解之缘的？

冯骥才：我在社会上被大家熟悉和认可是从文学开始的，不是绘画，后来我一办画展，自然奇怪我为什么画起画来了。实际上，我在绘画上走过相当漫长的职业化道路。高中毕业时我还报考过中央美院，考得不错，档案都调到美院，但正是那个时候提出了"千万不要忘记阶级斗争"，我出身是资产阶级，美院不能要我。我的篮球打得好，就进了天津篮球队。可是一年多就把自己的手腕的腕骨、胸骨和左腿半月板都打坏了，不能继续打球，离开球队进了天津美术家协会的国画研究会，开始了专业绘画生涯。以复制古画为生。

王爱红：现在，在您的艺术馆里我看到您临摹的一些宋画，是不是这个时期的作品，感觉非常好。那您后来怎么又从事了文学？

冯骥才：当年学画学的就是宋画。范宽、马远、郭熙、刘松年等等。我有两位老师，一位在天津叫严六符，他是刘子久的学生，我跟他学北宗山水，水墨和浅绛，斧劈皴；另一位老师在北京是惠孝同，他是湖社画师，我跟他学南宗披麻画法，小青绿。学的都是山水。我复制过大量的宋画，包括郭熙的《溪山行旅图》、张择端的《清明上河图》和苏汉臣的《婴戏图》，一直到"文革"。"文革"期间国画属于"四旧"给"砸烂"了。我转业务工。出于爱好，绘画变为纯粹的业余。这时，由于对同时代人命运与心灵的关切，便与文学深刻地纠缠上了。我冒着生命的危险秘密地去写"文革"中苦难的一代。这使我在粉碎"四人帮"后，即刻投身在"伤痕文学"的洪流中，成为那个文学批判运动最早的一批作家。

王爱红：这真是在不幸中孕育着万幸，在坎坷中造就着成功。

冯骥才：苦难和坎坷不是摧垮人，就是成就人。特别是成就文学。然而，步入文学后，我就放下了绘画。

王爱红：从您放下绘画到后来又拿起来，这之间，您有多少年不画画了？

冯骥才：大约有十多年的时间。

直到90年代初的时候，我在调整自己的写作时，忽然有一种画画的冲动，我才从笔筒里抽出尘封已久的画笔。可这时我发觉自己与以前作画已经完全不一样了。

王爱红：这是什么原因呢？

冯骥才：与文学有关系。因为一个作家最重要的是表达心灵，或者说一切都从心灵出发。我已经习惯这种方式。

王爱红：我认为您是一位天才的艺术家，在您的文学创作中所表现的修养和才华，对您的绘画创作也在起着潜移默化的作用。

冯骥才：对于我，文学和艺术是有分工的，但不是专业和业余、工作与消闲的分工。像我们这一代作家都有强烈的社会责任感，我属于 20 世纪 80 年代的作家，这代作家与 90 年代的作家不大一样，80 年代的作家背负着太沉重的时代责任的十字架，明确要做人民的代言人，要表现时代最真实的声音，要诘问生活和追究根由。我们这一代的文学直面着社会与生活，塞满良心与思考，没有给"私人"留下多少空间。所以 90 年代拿起画笔时，忽然感觉个人的情感与人生感悟全都涌向笔端。所以我说："艺术，对于社会人生是一种责任方式，对于自身是一种深刻的生命方式。我为文，更多追求前者；我作画，更多尽其后者。"

在绘画上我主要画山水，不是人物画，所以我必须通过自然事物的媒介，运用象征、比喻和拟人这些文学手段，表达自己内心的精神情感。浩阔的内心世界便通过笔墨释放出来。所以，我的第一批绘画作品有着强烈的个人情感和心绪的色彩。这样一来，就与古代的文人画自然地碰到一起了。古代文人画之所以能够从古代的院体画里面分离出来，是因为它与院体画在绘画的原点上有着本质的不同。院体画是客观地表现视觉的事物，文人画是主观地抒发心灵。当然它要借助视觉的形态。我早期的绘画是服从视觉与客观的，从视觉出发；这一次变了，听凭心灵了。文学改变我的绘画。

王爱红：大家都认为您是典型的文人画的代表画家。

冯骥才：应该说，我与现在的文人画有所不同。

王爱红：您指的是"新文人画"。

冯骥才：对。我认为"新文人画"是属于职业画家的。也就是说当代的画家走到某一阶段，需要开辟一条新的出路，要以新的面貌出现在观众面前时，他们从中国传统文人画里面，找到了一种久违了的形式，一种笔墨情趣，一种滋味，一种形式感，作为他们绘画的追求，"新文人画"就出现了。从形式、笔墨和审美的层面上说，新文人画是成功的。但这种追求是技术性的，或者说是趣味性的，不是文化上和心灵上的。

说到心灵我忽然想起一件事，有一次我在奥地利看蒙克的画。蒙克是我非常喜欢的一位画家，表现主义画家的代表。他是挪威人。在挪威的奥斯陆，我专门去看他的纪念馆。转一年我住在维也纳的时候，蒙克的画被搬来展览。一位奥地利友人拉我去看。蒙克最爱画三个题材，一个是喊，一个是病，还有偷吻，他强烈地表现人们在病痛时心灵的绝望，还有人想叫喊的心灵欲望——这是每个人都有的。陪我看画的一位奥地利人忽然问我，中国画有没有这样的题材？他的问题碰到了中国画的"软肋"。

王爱红：是什么"软肋"呢？

冯骥才：中国画中有没有心灵的画？应该承认，中国画最大的问题是太注重情趣了。这包括内容上的情趣和笔墨情趣。情趣不是一个人内心的东西，最多只与心情有关。太注意情趣就会使绘画对象化、客观化和观赏化。情趣的功能是愉悦心情与审美。不可能进入心灵的深层。比起来，文人画比院体派好多了。因为文人画的本质是抒发心灵的。比如八大山人。"新文人画"的问题是反过来，把文人画又当做一种情趣。所以我说它没有碰到文人画的本质。

王爱红：那您认为文人画的本质是什么？

冯骥才：这必须回到文人画的传统里去看。从王维、苏轼、米芾、倪瓒、吴镇以来，文人们渐渐进入绘画。他们究竟给中国画带来了什么？有人认为他们带来了全新的形式，崭新的笔墨效果，这话不错，但还只是用职业画家的眼光从视觉技术的角度去看。我认为它主要给中国画带来了文化。文人进入了绘画，同时把厚重的文化积淀和文人对社会人生丰富的感受带进来，这种感受不是视觉的情趣性的感受而是心灵的感受。这便使绘画的精神内涵和表现力得到了很大的拓展，比如说倪瓒画中近乎无情的冷漠与枯索，八大山人的痛苦和悲愤，这是宋画里没有的。宋画是很唯美的，因为宋画是纯视觉的。

我说文人带来的文化，不是表面的形式上的文化，比如把诗句题写到画面上等等，而是心灵的文化，是内心里对大千事物和人生况味的一种万般感受。文人画最大的特点，是"写胸中之逸气耳"，这是文人画的本质。

我喜欢"新文人画"。这个绘画运动中确实涌现出很多才气逼人的画家，创造了许多新面貌。但从"文人画"的意义上说，我认为它偏重于技术性地对待文人画的传统，基本上还是把文人画看作是一种别具情致的笔墨情趣和形式美，并以这种笔墨与形式在当代画坛上"标新立异"。它还没有真正接触到文人画的本质。这可能会局限这一运动本身的发展。

王爱红：您好像说过绘画是不重复的。您是这样做的吗？

冯骥才：我无法重复。比如说我的《期待》，那扇迎着阳光微微开启的柴扉来自我当时一种莫名的期待，没有具体对象，只是一种偶然萌生的期待感。每个人都会有过这种内心感觉。它是温馨的、美好的、朦胧的，不是欲望。如果没有这样的令人沉迷的诗一样的感觉我还会画这幅画吗？这种生发于心灵的感觉能够说来就来吗？这样的画怎么能重复？还有一幅是《照透生命》，大块的阳光进来的时候，我在伏案写作，阳光穿窗而入照在我的手上和脸颊上，我感到阳光一直照进我的骨头，我快被融化了。一瞬间我感受到阳光的神奇，她注入我们身体，给我们以生命，并用她夺目的因子把我们的一切都照透，照得透明。这幅画我画得非常有激情。绘画是不能重复的，这与文学非常像，文学就是不能重复的。你写过的诗句能再写在另一首诗中吗？一次性的才是创造——当然这只是对我自己而言。

王爱红：我看了您的一些绘画作品，当然非常激动，就像您的小说艺术感染力非常强。我考虑一个问题，您的小说的风格是很强烈的，这种风格早已经形成，您有您的思想和境界，有独到的语言表达形式，这使您成为读者所公认的大作家，转过来说您的绘画，这种小说的风格是不是会影响您绘画风格的形成，比如说写小说是靠文字，绘画自然是靠笔墨。不知道先生是不是明白我提出的问题？

冯骥才：你这个问题提得好。

我刚才说，文学改变了我的绘画，如今我的绘画实际上都是文学，是一种可视的诗或散文。在绘画与文学的关系中，绘画与小说无关，因为小说是有故事和人物的。但绘画可以成为一句诗或一段散文。文学和绘画还有一点很相像，这在契诃夫给高尔基的一封信中说得非常清楚。契诃夫在批评高尔基的描写太啰唆时说："你写一个人疲惫不堪、垂着满头的发、坐在被行人的脚踏得向一边歪倒的草地上，如果我写，就写'一个人坐在草地上'。"跟着他说出文学的一个重要的本质："文学要立即生出形象。"作家与画家的想象都是形象的。它们的不同是，画家把想象直接画出来，观众直接可以看到。作画却要通过文字的描写或描述，唤起读者的联想，使读者想象出形象来。这样，作家的文字必须要有形象性、可视性、可感性甚至是可触性，文学形象才有生命感。作家文字的形象性来自于形象想象的逼真性。福楼拜说过他连包法利夫人脸上的浅斑和疣都看见了，但他没有写。作家想象到的不一定都写出来。但他必须"看见"，还要"看"得十分真切。如果作家有画家那样形象想象力就好了。当然他还要有用文字"画"出人物、景物、场面和气氛的能力。

王爱红：您讲得太好了。我这样理解文学与绘画是相辅相成的关系。

冯骥才：是的。文学、绘画、音乐、戏剧、书法……各个艺术门类之间的关系全是这样。它们的关系就像一排公寓房子一样，A门B门C门D门，它们在第一层各走各的门，在低级阶段是互不相通的，彼此无关；到了二层也没有关系，但到了房顶，到了一定的高度上，绝对是相通的。如果一个音乐家具有诗人那样的才情，他手指触动琴键的感觉和声音与没有诗人才情的人是绝对不一样的。如果一个画家有散文家、有苏东坡那样的文思与心境，他的画境一定深邃高远。可是现在美院的学生连画册里的文章都很少看，只看画，陷入了技术主义。技术主义会把一个画家限制在"形而下"的层面上。

王爱红：在美术界我常常碰到这样一个问题，一些画家，可以说大部分画家，对笔墨的问题看得非常重，而笔墨之于绘画无异于文字之于文章。在驾驭文字方面，您是举世瞩目的大家，最具有发言权，在掌握笔墨方面，您也有自己深刻的体会，我把它称为笔墨的含金量，"金"就是您的文学性。借此，我想请您谈一谈笔墨和文字之间的关系。

冯骥才：画家的笔墨就是作家的文字。都是语言。艺术的语言不仅要有艺术性，它更是艺术的根本，甚至是艺术的生命。

文学是文字的艺术，国画是笔墨的艺术。

那么笔墨只是指笔和墨——工具的能力和效果吗？当然不是。笔墨有多层内涵。过去由于我们不是站在一个层面上说话，才为了那句"笔墨等于零"而争议不休。

首先笔墨是技术性的。是基本功，是技术能力，是表现力，是功力。它必须准确表达你的绘画意图。这就依赖我们对笔墨（包括纸张）性能的全面掌握。这是基础，是安身立命之本。在这个层面上笔墨不能等于零。

其次笔墨是艺术性的。笔墨在画面上充满着艺术的美感。笔墨的巧与拙、浓与淡、枯与润、疏与密、整与碎、繁与简、虚与实、黑与白——相互对比和衬托，相辅相成，相反相成，构成无比丰富的语境。笔墨还有洗练与概括的升华之美，还有很多偶然与灵感。比起工艺，绘画性就是偶然性；最高境界的偶然是灵感的出现。

进而笔墨还有意象性。吴昌硕当年求学拜师时，老师叫他画几笔看看，吴昌硕只画了三笔，尚未表现出什么来，其师便说他将来必成大器。这故事说明笔墨在审美上具有独立的意义。它超出"应物象形"的范畴。其实别的艺术也是一样。比如琴师的音色和木刻家的版味等等。它或是一种天生的资质，或后天的一己的参悟。都具有个性的色彩。这种具有独具审美特征的笔墨，是最具艺术价值的。在这个层面上技术性的笔墨自然就等于零了。

关于笔墨的三个层面，完全可以套用在文学的语言上。文学语言也有技术性、艺术性和意象性三个层面。

此外，我还想说笔墨不是中国画的全部。在形而下方面，还有构图和形式，在形而上方面则是观念与境界。

王爱红：我非常欣赏先生的书法，您的学识，您的才华，您情感的律动，都有很好的反映，其特点和风格是显著的。在文学创作方面，您大概是用钢笔和电脑写作的，对于书法方面的造诣是不是刻意为之？

冯骥才：我学画的二位老师书法都好，都写"赵"，因此，赵字对我是有影响的。后来，我也临过一些帖。在书法上我倒是非常喜欢黄胄先生的一句话，那就是"看帖不临帖"。有人认为，这句话是画家说的，作为一位画家你可以看帖不临帖，因为你写的不是书家字而是画家字。我认为，不应分画家字和书家字，应分手上的字和心中的字，手上的字是功夫字，写来写去都是别人的字。有一次我问黄胄先生，您说看帖——怎么看？他说："用心看。"他讲得非常好！当时，我对他笑道："您是我书法的老师，虽然您一笔没教过我，但凭您这一句话已经是我老师了。"他送给了我一个重要的观念：用心看，不是用眼看。用眼看只是盯住一招一式，用心看才能得其神髓。在书法上，我认为跟绘画与文学上是一样的，最终还是看你能不能把自己充分解放出来，让自己的心灵没有一点束缚。

王爱红：冯先生，您是一位非常全面的艺术家，我非常想知道书画艺术在您的内心中到底占了一个什么样的位置。

冯骥才：我给你打一个比喻吧。狡兔三窟，我有三个工作场，一个是我的家，一个是这里（天津大学冯骥才文学艺术研究院），还有一个工作室。每个工作场都是一间画室，一间书房，两个车间，都不大，都很乱。但我必须是两个，我进入哪个车间，或写或画必须听凭我的内心。有时，我写东西写呀写呀写到一定的程度，感觉画面从稿纸中冒出来了，绘画冲动来了，我就会跑到隔壁的画室里去铺纸作画。当我画呀画呀画到某一种意境很像一段有灵气的文字，我会情不自禁地回到书房。我把我这种行为叫"甜蜜的往返"。我的绘画与写作是互动的，相互不可替代的。我到外地开画展时，常说的一句话就是：以前你们只知道一半的冯骥才，因为你们只看过我的书，现在另一半的我来了。

王爱红：您认为哪个对象更重要？

冯骥才：应该是都重要，一个不能少。有时还会成为一个。比如我的一幅画叫《思绪的层次》。一天，我构思小说。忽然觉得我的思维如入大地上的河网。有时顺流而下，有时分开港汊。有时乱无头绪，有时远远一个冒出来的绝好的线索向我招手。渐渐地，我如入幻境。"看"到一片大树的枝桠出现眼前，粗看乱做一团，细瞧井然有序。我忽然感受到人的思维原来是如此美丽的图像！我便放下文学构思，把它画出来。

我喜欢文学是因为它一半属于理性。我喜欢哲学、文化学、美学，它们都充满理性的智慧与理性的美。这种理性的美和艺术的感性的美一样迷人。如果遇到上边那种情况，将一种理性的境界转化为审美境界，那就更充满创作的快感了。

当然，我现在所做的民间文化遗产的抢救和保护是没有多少快乐的。有时在田野间发现一种未知却灿烂的遗存会是快乐的，但看到它濒危待毙，只会转化为苦恼和焦虑。

王爱红：刚才您谈到对民间文化遗产的抢救工作，我知道您对社会问题是非常关注的，您说现在的中国书画是不是存在过热的现象？另外，请您谈一谈对书画市场的看法，好吗？

冯骥才：我认为，热是一件好事，反映了人们对文化的一种喜爱。尤其人们生活好了，有了新居，墙上希望挂幅画，过去人们没有条件买画，屋子也小，如今人们要买画说明有精神和文化的需求了。在市场化的社会里，绘画是有商品性的，但是一个画家的追求不能商品化。

现在，对于艺术家来说，最重要的关系是与市场的关系，很需要讨论一下。在这一点上我非常赞成韩美林、宋雨桂、吴冠中几位画家的做法，他们只管追求自己的，要市场来找他们，他们决不找市场。我有一位画家朋友是市场的宠儿，但我对他的画法一成不变提出质疑，这位画家说，如果变了别人就认为是假画了。

王爱红：人家就认不出他来了。

冯骥才：对！他被市场牵制住了。一个艺术家被市场所塑造是最大的悲哀。所以，我在欧洲演讲的时候说，艺术家的自由是两方面的自由，跟"文革"比，现在我们的创作自由得多了，但另一个无形的东西死死地束缚我们的自由，这就是市场。市场也可以使一个艺术家不自由。市场通过艺术家潜在的功利欲望，迫使艺术家自己束缚自己。这种不自由更厉害，"文革"的束缚是一种外力，自我束缚是内力。我想起康德的一句话，人是目的，人不是手段。这就是说，我们要完整地自由地表达我们的心灵。我们不能为了功利目的把艺术变成了一种手段。我们的目的还是要表达我们的精神理想、生命创造和个性的美。

王爱红：您想对年轻的画家们说点什么呢？

冯骥才：我想说，你不要去找市场，要让市场找你来。不要跟着市场走，要市场跟着你走。如果你跟着市场走，你就会失去自己，会迷路。如果让市场跟着你走，你就可以真正地标新立异，创作自由，甚至可以引领时代。当然，这需要艺术家耐得住寂寞和清贫，还有自信。在物欲如狂的今天，可不是件容易的事。

现在画很热，是好事。关键是艺术热还是艺术市场热，艺术商业的热？我觉得艺术市场那个热也不可怕，关键是艺术家把自己放在什么位置上。是去完成一个艺术个性，还是完成一种热销的商品。在艺术热特别是市场热的时候，艺术家要"冷"。冷静与平静，冷眼看热潮。

王爱红：我再问一个问题，不管您作画，还是写文章，您认为艺术的最高境界是什么？

冯骥才：最高的艺术境界是一种理想境界。我们永远不能放弃自己的精神理想。真正的艺术家都是理想主义者。哪怕我们奉行写实主义，我们通篇满幅都在赤裸裸地揭示丑恶的同时，恰恰也在表明我们心怀高尚的理想。理想就是现实的缺欠，是生命的渴望，是人类艰辛的目标和未竟的梦。这也是古往今来一切伟大艺术终极的主题。

如果我们放弃理想，实际上已经死亡。你在市场上卖多少钱那只是一种商品现象。与艺术本身无关。在艺术史上谁也不会把艺术品的价格认做价值，当做评价一个画家的标准。可是我们现在最关心的常常是别人的画价和自己的画价了。

王爱红：难道社会的进步最终导致文化的消亡吗？我似乎记得在社会理论界曾经存在过这样一种论断。

冯骥才：有人认为早期市场经济社会，人们都会急于发财赚钱。仿佛必须经过这样一个阶段，才好解决精神问题。我见过一位台湾艺术家，他兼亦行商，他说我们就是要先赚钱，赚足钱再去搞艺术。好像人穷就会无法从事艺术。其实在西方经济野蛮积累阶段，他们的精神和良心保持在真正知识分子和艺术家那里。我们也应该有这样时代性的自觉。

王爱红：谢谢冯先生，这样精彩的谈话对我来说是一种莫大的精神享受，也使我学到很多东西。

一个作家的"画语录"

——由冯骥才画展引出的对话

时　间：1991 年 5 月
地　点：天津
问话人：侯军（作家，记者）
答话人：冯骥才

引　言

　　就像是戏台上使惯了青龙偃月刀的关云长，忽然用起张飞的
丈八蛇矛。冯骥才，这位以大量杰出的文学作品饮誉海内外的名
作家，忽然把钢笔换成了毛笔，就像变魔术似的，转瞬之间，推
出了洋洋大观的"冯骥才画展"，还出版了一本令许多专业画家
艳羡不已的厚厚的《冯骥才画册》，这件事不啻使多少有点沉寂
的天津艺苑掀动起一阵不大不小的波澜。

　　不能不承认，许多观众在最初步入展厅的时候，还是心存疑
窦的：一个作家画的东西，该不是"卖名气"吧？而更多的观众

则是来看新鲜的：大冯，不就是写《三寸金莲》《神鞭》的那位嘛，他给自个儿的小说画的插图还挺眼的，这回办画展，兴许也有点奇奇怪怪的东西……然而，当那一百余幅绘画作品闯入观众的眼帘，他们顿时安静下来了，进而陷入了沉思。不论每个观众的内心感受如何千差万别，但有一点却是共同的：大冯献给观众的是艺术品，是真正的绘画艺术，只不过同众多的绘画作品相比，又显得未曾相识而别有滋味……于是，画展的魅力迅速发散开来，把高鼻深目的洋人吸引来了，把许多港台及海外侨胞吸引来了，把全国各地的艺术爱好者吸引来了，而更多的是把普通观众吸引来了。在观众的要求下，主办者不得不延长了展期，先是一些外地省市向作家提出邀请前去展出，接着，一些国家的文化组织也相继发出了邀请。直到五月二日展览才落幕，据艺术博物馆的负责人称，这次画展参观者逾 15000 人次，创下了该馆近五年来参观人数的最高纪录……

没想到，一个作家的画展能引起如此强烈的"轰动效应"，不仅主办者没想到，连冯骥才本人也略感意外。这实在是当今艺坛的一个谜——冯骥才主编的《艺术家》杂志，老爱评选艺坛"神秘人物"，今年，大冯自己或许该获得入选的光荣了，我想。

为了破译这个"冯骥才之谜"，我与大冯相约进行了下面这番涉及文学、绘画、音乐乃至艺术思维等诸多问题的对话——

作家画·文人画·文人的画

侯军：冯先生，首先祝贺您的画展取得圆满成功。您的画展我看了三次，在参观过程中也接触了一些观众。我和许多观众一样，觉得首先需要请您解答的问题是：您是一位很有成就的作家，可是今天却画出了一批画，大家很自然地就把这些画看做是一种"作家画"。而作家是文人，这又使我想到了中国古代的"文人画"。中国的文人画一向讲究诗、书、画的结合，讲究在画中体现诸多人文的、美学的内涵，而这些特点在您的绘画中应该说都是具备的，然而您的画又完全不同于古代的"文人画"。因此有人说您的画是一种具有现代意识的文人画。说到作家画，历史上许多作家都擅画，中国的不必说了，外国的如普希金、萨克雷都曾为自己的作品画过插图，雨果也画过自画像，可是他们的画也绝没有您这些画的规模、境界以及专业性。那么，您的画到底是一种什么画？您作为一个作家，究竟是以怎样的绘画观来作画的？

冯骥才：一个当代作家画起画来，常常被人们感到是一件非常奇怪的事情，好像绘画和文学创作是互不沟通的两个星球。可是在中国古代，文人画画却是一件非常自然的事情。古代讲文人的修养通常用四个字，就是琴、棋、书、画。自然也就出现了你刚才所说的那种"文人画"。为什么说古代文人作画是非常自然的事情呢？首先是古代文人写文章或者画画，用的工具都是一样的。他在写诗、写信、作文章时，使用的是毛笔，写着写着，当有某种意味或者情状无法言传时，便在纸上以画状之、求之。由于对工具（纸笔墨）的性能很熟悉，便自然而然过渡到绘画去了。当然绘画是一门技巧性很强的艺术。文人在没有掌握更多的绘画技巧的情况下，常常是画一些竹、兰、梅、菊、石头、松树等形态简单、便于掌握、技术上不太复杂的题材，借以自喻，抒发情怀。所以文人笔下的"四君子"（竹兰梅菊）尤其多。对这种画，我并不称之为"文人画"，而是称做"文人的画"，以示同真正文人画的区别。

我们所讲的文人画，是指文人通过他们自身修养、个性、气质和艺术观念，创造出一种独特的审美模式。它是很专业性的。然而这对于古代的文人比较容易一些。原因有二，一是前边提到的与工具有关，二是在绘画与文学中间，还有一个媒介体，就是书法。文人写文章，他的审美追求，首先是从书法这门既抽象又形象的艺术表现出来的，书法与绘画相通，然后再过渡到绘画上去。董其昌在《画禅室随笔》中说："士人作画，当以草、隶、奇字之法为之。"这说明，在古代文人手中，诗文书画原是一体，即王维的"诗画同源"和赵孟頫的"书画同源"。苏东坡、唐寅、郑板桥等都是作家，也是书画家，有谁为他们能文善画而惊奇莫解？

可是现代就不同了，现代作家写作是钢笔，还有更先进的已经用电脑了，而绘画则完全是用另外一套工具。你看我的房间，里边这张桌子上放着钢笔、稿纸，这套工具是用于写作的；外屋那张桌子，放着纸笔墨砚，那是用于绘画的。我说我有两座"车床"就是这个意思。那么，假如现代的一个文人、一个作家要想画画，他有非常绝妙的想法，非常强烈的表现冲动，也有非常具体的形象幻觉，如果叫他动笔画出来却很难，因为他工具不熟悉，技巧也不掌握，根本无从表现。由于近代绘画与写作所用工具分化。在中国近代文化史上，文人渐渐离开绘画，文人画有如濒绝的稀有动物，几乎在画坛销声匿迹。文人退出书坛的情况更明显，现在年轻一代书法家很少自己写诗，大多是"抄诗"，书法变成与内容无关的笔墨功夫，面临的危机更大。因为书法是纯粹的文人的艺术，而绘画只是文人介入的艺术。

我是一个例外的幸运者。在成为作家之前有十几年专业从事绘画的经历。我长期从事摹制古画的工作，对工具性能熟悉，掌握传统技法比较广泛，最重要的是锻炼出一种绘画思维，建立起一整套从生活、从大千世界中随时随地感应审美信息的接收系统，说白了，就是绘画给我装了一个专门的"接收频道"。有了这个频道，即使不作画，这频道也照样在工作。一旦频道接通画笔，整个系统便运转起来。当然，我所追求的是"文人画"，而不是"文人的画"。

文学中的形象与绘画中的文学

侯军：在一般情况下，文学与绘画可能是截然不同的两种思维方式，但在文人画中却是相融的、统一的。您能不能比较本质地谈谈，文学与绘画这两出心裁者都有哪些异同呢？您身兼作家和画家这两种身份，应该比别的艺术家对此有更深的体验吧？

冯骥才：要回答你提的这个问题，我想先讲一个文学史上的例子：当年高尔基曾把他写的一篇小说寄给契诃夫看。契诃夫看完给高尔基回信说，你在这篇小说里写了一个头发蓬松的、眼圈发红的、身材细长的人，坐在被秋天的霜染红的、被行人的脚踏得倾斜一边的草地上，这样长长的一段，要是让我来写的话，我只写一句话，就是"一个人坐在草地上"。接着，契诃夫说了一句很有意味的话，他说："因为文学就是要立刻生出形象。"尽管文学不像绘画那样具有直接的可视性，但文学必须寻找最有效、最快速的方式，让读者在阅读过程中，能把形象尽快想象出来。如果读者感到文学所描写的都逼真如画，宛如目见，便很快进入情节与故事中去。这说明，文学和绘画首先都要表现形象，都要运用形象思维。

进一步说，它们又不同。文学要表现的形象，除去人物和事物外部的、可视的形象之外，还要有另外一种深层次的形象，比如生活形象、社会形象、思想形象，还有人物的性格形象、内心形象，等等。特别当这种形象是一种复杂的变化的矛盾着的个体，就非绘画的擅长。那么，文学与绘画在哪个层面上沟通？要不，回到表层上，即把绘画当做文学（一句诗或一首诗）的形象化的图解。要不，还有一个更深的层面可以沟通，这个问题我一直在思考。为了说明问题，我再举一个例子：前两年我到苏州去，陆文夫陪着我去游网师园，这是苏州一个非常著名的明式园林，小巧精致，曲径通幽，结构玲珑剔透，而且很有书卷气——中国最高品格的园林都富有书卷气——园子中间有一个荷花塘，四周围竹树环合，倚山临水是个大亭子，迎面都是门窗隔扇，里面摆着桌椅茶几，琴桌香案，正中一个素白釉的大瓷缸，这是当年主人插放字画用的，客人们来了，如果点到缸中哪幅字画，主人马上命书僮打开给客人看。大厅上挂着一块匾，叫做"听松读画堂"。当时陆文夫就问我为什么叫"听松读画堂"而不叫"听松看画堂"？我说你问得真好，"读画"二字正体现着中国文人画一个非常重要的特征，那就是中国画讲究意境。中国文化中有几个字是非常有意思的字，一个是"神"，一个是"气"，一个是"数"，再就是这个"意"字。中国人讲形象，而比形象更高的是意象；讲趣味，比趣味更高的叫意味；讲境界，比境界更高的就是意境了。意境是什么？就是画家把某种思想或某种深意，寄寓到画中的境界里去了。有了这层意，画面就底蕴深厚，决非一览无余了。那么，这个"某种思想"又是什么？就是作者的文学化的思想。因为一般的思想要进入画里很难，它必须先被审美化，也就是把它诗化，它才能够进入绘画。中国人不习惯把理性的哲学的思想直接塞入画中，而是要经过诗化的过程、文学化的过程，再寄寓到画中去。这正是中国人的方式。而且在寄寓到画中时，大都也是采用文学手法，譬如象征、比喻、夸张、拟人，等等。这样就构成了中国绘画深厚的文学性，也就是这个"意"字。那么这个画意是不能被"看"出来的，也是"看"不出来的，必须"读"出来。这里借用了一个读书的比喻，用了一个"读"字，以表示好画都是意含深远，必须采用读书时那种领悟的方式，而不是只凭眼睛看看表面形象就能理解的。"意境"二字，意为文学，境为绘画。"意境"是文学与绘画融合的高度浓缩的专用语。绘画与文学正是在这个很深刻的层面上沟通起来的。不知我把问题是否已经说明白了？

当代"新文人画"之我见

侯军：您这两个例子都很妙，不仅揭示了文学与绘画的关系，而且点破了中国"文人画"的真谛，讲得很明白，至少我本人已经明白了。但是接下来就产生了一个新的问题：现在也有人在倡导"新文人画"，而相当一部分所谓"新文人画"却似乎并没有您前边所说的那种"意境"，怎么"读"也读不出那种滋味来。不知您对此有什么高见？

冯骥才：作为一个当代作家，我是从文坛来观察画坛的。前一段，画坛上确实掀起过一阵"新文人画"。由于我刚才说过的原因，文人撤离画坛，文人画日渐其少，绘画走向行业化和技术化……倡导"新文人画"非常必要。但必须弄清楚，宋元以来文人介入绘画后，最大的贡献是什么。我想应该是使绘画更具有文化。其次，才是由于文人要表现他们的绘画观（如意境、个性化、神似、含蓄性、自娱性和情绪化等），而创造的诸多的手法和技法，特别是一些卓有成就的文人画大师，还创造了非常富于魅力的审美模式。

传统有活传统与死传统之别。活传统是指传统的文化精神、本质特征和规律性的东西；死传统则是前人所创造的模式，哪怕这模式具有极高的审美价值，再搬用都于绘画的发展没有意义。建立新文人画，首要是立足于文化上，使自己具有较高的文化素养与文化品格。倘若舍本求末，匆匆从古代文人画中寻求那些形式符号，加上一些现代趣味的审美改造，其目的仅仅是为了寻找中国画的出路，借用一些文人画现成的笔墨形式而已，实际上与文人画无关。

未来的"新文人画"，指望着从画家中产生。决非像我这样的"作家中的例外"。这就必须期待于有志于"新文人画"者，先使自己成为"文人"，而后笔下才有"新文人画"。

文学是用文字作画 绘画是用笔墨写作

侯军：您刚才讲过，您是在当作家以前学会绘画的，那么，如今在当
了十几年作家之后重返丹青世界，在您的感觉上同以前有什么
不同呢？换句话说，您的十年文学生涯对您的绘画有些什么影
响呢？

冯骥才：在很深地涉猎文学之后，返回来再画画，自然要受到文学创
作的很多影响。我承认，我的绘画能改变成今天这样的面貌，完
全是受益于我的文学创作。

比如说，文学创作使我产生大量的、丰富的感觉。你写一部小
说，就要写几个、十几个乃至几十个人物，必然要去体会每一个
人物在不同环境、不同矛盾、不同境遇、不同季节气候或不同时
间环境里的种种微妙的感受，而且必须使自己变成你的人物，用
全部身心去体验。比如写一个人物在寒冷的环境里，作家必须使
自己连皮肤都有寒冷的感觉，然后才能从中找到最恰当的细节来
表达。我写过的人物总有几百个，我身上积累了多少千差万别的
感觉。比如伤感，它决不只是单一的感情，有的伤感强烈而有气
势，有的伤感绵长而悠远，有的伤感凄婉得很，有的伤感十分美
好。一种感觉在画中就是一种情境。这种感觉积存多了，随时都
有表现欲。当然作家的感觉并不只是从他对人物的体验中来，更
多的是从生活的体验中来。这些感觉可以用小说、诗歌、散文去

表现，有的时候就非常想、或者说是必须用绘画的形式去表现，也许是它更适于绘画，也许是因为我急于要直接看到它，于是在瞬息之间，它就会化成一幅画……这是文学创作对我的绘画的最明显的影响之一。

再有，凡是搞过小说创作的人，都很明确艺术是不能重复的。我们所讲的创作，其实就是创造；这创造，其实就是独创。科学因否定了前人的结论而推动科学的发展，如果有位科学家推翻了牛顿的"万有引力"或爱因斯坦的"相对论"，人类科学技术便会出现划时代的飞跃。但是在艺术中，谁也无法否定前人，我们无法否定莎士比亚或者曹雪芹，否定贝多芬或者毕加索，艺术是靠区别而存在。这区别包括两个含义：一是要区别于别人，艺术的最高境界都应是自己所独有的。明朝人沈颢在《画尘》中所说的"孤踪独响，悠然自得"，就是此意。艺术的道路什么地方最宽广？在现成的道路之外的地方最宽广，独创的境界最宽广。我想，艺术本质的要求就是这样的。二是文艺创作还要千方百计区别于自己。一个作家不仅写过的故事、人物、情节不能再重复，就是用过的细节、比喻、警句都不能再用，否则就有抄袭自己之嫌。这种思维定式的形成，也给我的绘画带来一个好处，就是不敢重复。

侯军：这个好处非同小可，它可能使您得以避免重蹈前人模仿和因袭的覆辙。

冯骥才：是的。其实绘画也不应该重复，为什么这样讲？你看我这儿有一个窗户，还有那盆花。它们从早到晚，在不同的光线里给你的感觉是绝对不一样的。清晨，那种欲晓的天光映照它时，它带着模模糊糊、似醒未醒的感觉，过后，便一点一点睁开眼睛……一缕阳光照进来，它枝枝叶叶，重重叠叠，充满生机；阳光直射时，它变得过于暴露，有点呆傻；到了逆光时刻，它每一朵花的周围都带上了一个光环，别有一种风韵与情态；到了黄昏，在夕阳里，它整个就像熔化的金子一样燃烧起来，然后又逐渐朦胧下来，只剩黑黑一个影子，神秘感就来了。……每天每刻，阴晴雨露，你对这花的感觉都不一样，更何况你面对它的时候，心态也全然不同，或喜或忧，或烦或静，由此而生发所产生的联想也不一样。你不过只在某一个时间里，对它有种特殊而强烈的感受，画下来，记录下来而已。如果你当时没有把它画下来，换一个时间它就变了，它怎么可能一样？绘画怎么会重复？

侯军：记得您在画展的代前言《笔耕人画语》中，曾讲过"绘画是把瞬间变为永恒"，大概讲的就是这个道理吧？

冯骥才：是的。事物的景象在不停地变化，你的心态也在不停地变化。只不过在某一瞬间，它们相撞了，就像电影中的定格，成为一幅画。这相撞的结果是，事物的景象找到了灵魂，而你的心找到了显影的屏幕。

侯军：你说的灵魂，是不是生命的含义？

冯骥才：它其实就是你的生命。一点一线、一块色彩，无不带着你的个性、气质、追求以及一时的情绪与生命状态。但是，它又是借助其他物象或景象，经过了审美化的，所以它又是独立的艺术生命。

"最高的艺术是无技巧的"

侯军：您上面所谈的固然很有道理，也很精辟，但似乎偏重于绘画动机与艺术思维等领域。那么我想坦率地问一句：您对绘画的技巧持什么看法？您是否对它强调得有些不足？要知道，光靠生命和感情的投入，没有技巧，同样是难以感动观众的。

冯骥才：同样的问题，也有别人问过我。我当然十分注重技巧，技巧是绘画的语言。在文学创作中，小说家都把语言看做艺术成败的关键，作家写某一部小说，就有某一种艺术感觉，就要使用一种专门设计的语言。这种语言含有创造性，不能用一种语言写所有小说。依照这样的技巧观，中国画就麻烦了。由于中国社会长期封闭，文化中认同意识强，标准化意识强，在绘画技巧上程式化的东西太多。换句话说，绘画语言中大都使用"成语"。一种艺术模式定型过久，不仅束缚了创作者，也影响了欣赏者的接受习惯。这就大大限制了画家表现力的充分发挥，限制了画家个性生命的鲜活表达。文本成为人本的障碍。因此，在中国绘画史上，每一次技巧革命，都带来一次个性生命的解放。我很欣赏方薰在《山静居画论》中那四个字，叫做"心手相忘"，这"手"是指手上熟悉的技巧，"心"是指强烈的心灵表达欲望。他是说，绘画要全神贯注于心灵的张扬与重现，不必斤斤计较于技巧本身。

侯军：这是不是石涛所讲的"至人无法，非无法也；无法而法，乃为至法"的意思？

冯骥才：也是巴金所说的"最高的艺术境界是无技巧"。看来英雄所见略同。

侯军：你不认为技巧本身也是一种美吗？

冯骥才：没有内涵的美没有生命。

音乐是激发绘画冲动的"电击火花"

侯军：在看你的绘画作品时，我有一种非常强烈的感觉，就是您的作品中好像有一种独特的节奏和韵律，很像欣赏音乐时所产生的感受，比如您的那幅《灯河》，很像一首海河小夜曲。还有的作品，您干脆就标上一个音乐题目，比如《F 调旋律》《行板如歌》《船歌》等。这使我产生一个有趣的猜想，您的绘画同音乐是不是存在着某种联系？

冯骥才：你能从我的画里读出音乐来，使我很感欣慰。因为激起我的作画冲动的，常常是音乐。

我们心里储存着大量创作素材，就像堆起的干柴垛，需要一次"电击"，就迅速地燃烧起来。对于我，这"电击"便是音乐。

因为在所有艺术中惟有音乐能使人最快捷地投入进去。而且在听音乐过程中，你被变幻不停地撩起多种思绪与情感，演化出多种画面的联想。一旦投入，艺术创作便进入最自由的状态。

侯军：这是否属于"通感"？美学上很重视"通感"，就是在艺术思维过程中，常常把视觉的形象变成听觉的，或者由听觉引发出嗅觉的。举例来说，您的《秋之苦》，让人很容易感到一种苦涩，引起对人生艰难的体味，这是由视觉到味觉的转化。不知我这观感是不是一种臆测？

冯骥才："通感"是钱钟书在艺术创作思维上的重大发现。举个例子，我最喜欢郑板桥那首有名的题画诗："衙斋卧听萧萧竹，疑是民间疾苦声。些小吾曹州县吏，一枝一叶总关情。"这是从听觉向视觉的奇妙转化，在转化过程中，融入作者对黎民百姓的深挚的关切。我认为，这是中国古代文人画最成功的范例。

侯军：看来，您对绘画的态度很严肃，你赞成文人画的自娱性吗？

冯骥才：我不反对自娱性，但我个人作画基本上没有自娱成分。我没有时间自娱。

侯军：为什么您的人物画很少？

冯骥才：我认为人物是应该写的。这是一个作家的看法。我的画也有一个强烈表现的人物，就是我自己。

可叙述性——把散文融入绘画

侯军：现在我想把话题扯回到文人画上。您到底是怎么考虑的？在《笔耕人画语》中，您说："除去诗，我更喜欢把散文融入绘画，成为一种可叙述性的画。"我想这涉及您的绘画特点和风格，您能否做一番具体阐述呢？

冯骥才：从中国文人画传统上看，文学与绘画的结合，主要依靠诗。王维最先做了这样的努力，所以苏轼称他是"诗中有画，画中有诗"。后来，董其昌把王维推崇为南宗（即文人画）的开山鼻祖。为什么文学与绘画这两种艺术思维的结合，偏偏选中了诗？因为绘画是静止的瞬间，而诗善于在"点"上形成一个深化的境界，所以很容易结合，然而，王维是把诗情注入绘画，这是深层的、高超的做法。宋代以后，倡兴题诗，干脆把诗写到画面上去，好处是既可以欣赏画，也可以欣赏文字和书法，并形成了一种中国人所特有的形式美。但元代以来，中国画因袭模仿之风愈演愈烈，渐渐徒有形式，没有内在的诗意，在诗画之间的结合愈来愈缺乏创意，渐渐退化为一种"诗配画"或"画配诗"。我一直在想，有没有其他文学体裁可以与画结合？应该有，就是将散文融入绘画。林风眠先生的画就具有散文性。

散文与诗不同，它不在"点"上凝聚境界，而常常用一小段落或两三段落的文字，从"面"上对某一种景物象进行铺展式的描

述，或者是从"线"上进行深入的表达。它往往适用一连串细
节，把某一艺术境界一点点强化出来。散文入画后，比诗的内涵
更宽广，表达更自由，更松弛，更具有气氛感和抒情性。对于这
样的画，如果用语言去述说画中的内容，就会发现它具有一种可
叙述性。这种可叙述性来自于散文的描述性。

我还有一个考虑。依我看，现代人与诗的关系，不如与散文更
近。现代人对诗愈来愈冷淡，对散文愈来愈抱有热情。如果将散
文引入绘画，则更容易与现代人沟通。

侯军：听到您最后这句话，我忽然想到一个问题。我三次参观您的画
展，发现在您的展览上，观众有一种情绪，一种被感动的、渴望
交流的心情，这是在其他画展上所鲜见的，为什么？

冯骥才：我想，这还是因为我带着作家习惯。作家的工作之一，就是
千方百计打动和感染他的读者，寻求与读者共鸣，打通渠道，交
换思想与情感。

今后将主要拿钢笔写作了

侯军：是啊，您有了越来越多的"知音"，会感到内心愈发充实，这
必将激发您不断地创作出新的艺术作品。不过，我想您的读者或
观众都会关心您下一步的打算——您今后是继续挥动毛笔作画
呢，还是重新拿起钢笔写作？或者说，您将偏重哪一边儿呢？

冯骥才：今后我的右手还是拿着钢笔。我有一种体验，当作画最激动的时候，最想写作；当写作十分投入时，却常常会有很独特、很迷人的画面涌出来。一种艺术思维只会启发另一种艺术思维，而不会吞没另一种思维。

最近，我应一家出版社之邀，要创作一本一半散文、一半绘画的图书，这完全是一种新的尝试。主题是关于人生体验，书名叫《偿还人生》。

侯军：那么您这些散文和绘画是选用旧作呢，还是专门为这本书而新写新画？

冯骥才：我尽量创作新的。艺术家的最大幸福是在创作过程中，我不会放弃这种幸福的。

还中国文化的全貌
——关于中国民间文化遗产的抢救

时　间：2002 年 8 月 29—31 日
地　点：天津
问话人：周立民（复旦大学中文系中国当代文学专业研究生）
答话人：冯骥才

处在自生自灭状态中的民间文化

周立民：民间文化遗产抢救工程和城市文化保护，其实是针对同样的
　　　文化背景所采取的行动，但这一次规模却大得不得了。

冯骥才：是的，都是全球化背景下的文化问题。但是单从民间文化上
　　　说，还有一个重大的背景。必须充分认识到——这就是——整个
　　　人类历史有两个文明转换时期，一个是由渔猎文明转型到农耕文
　　　明，也就是转型到河姆渡文化，以及后来的龙山文化和仰韶文化
　　　时期，在这时期，由于人类没有把自己的创造当做一种文化，所
　　　以没有保护，几乎没有留下什么东西，最多是些甲骨文，还有一

点点岩画，都是自然保存下来的，不是人类自觉保护的。

周立民： 人类文明的初始阶段，很多文明的创造，恐怕都是在不自觉中进行的，是与他的具体生活密切结合在一起的。比如我们今天当做艺术品的东西，当年就是他们所用的器物，用旧了用坏了，自然就丢掉，没有必要保留。再说他们脑子里没有自己的文明概念，当然，也没有博物馆、收藏家之类的。

冯骥才： 所以人类的文明更是这样分阶段的：一是从自发的文明到自觉的文明，一是从自觉的文明到文明的自觉。这个"文明的自觉"就是有了文明的保护、积累与建设。

周立民： 你说的另一个时期……

冯骥才： 另外一个转换期是由农耕文明转入工业文明时期，或者说是转型到现代社会。也就是眼前这个时期。这一次，人类必须自觉地记录农耕文明的一切有价值的创造，如果我们不记录，不保护，现在丢掉多少，后人就没有多少，它的重要性就在这儿。

周立民： 这个"必须"记录是说当代人应当有的一种文明的自觉，一个社会应当有文明的记忆了，已经不是茹毛饮血的时代了，不能再像没有开化的人那样对待自己的文明了。从一个民族的发展来看，也需要自己的文化积累。也就是说，人不光为自己眼前的事情奔忙了，还要为未来打算，自然也需要历史的记忆，这个时候人才是一个头脑丰富的人。

冯骥才： 一个民族的文化分作两部分：一半是它的精英文化，典籍文化；还有一半是民间文化。民间文化是一个民族——对于我们来说——是中华文化的一半。精英和典籍在历史上有一贯性。

周立民：它是以固定的文字符号书写为特征的。本身就比较成体系，自然得到了很好的保护和完整的延续。

冯骥才：精英创造的文化本身就是一种记录，它不断发展延续与发展的过程也是文化的自我记录过程。

周立民：随时随地的保存。人类保护它们的自我意识也非常强，不但个人有，而且政府机构等也投入了大量的人力、物力有组织地在保存，像历朝历代的国史编修机构，由国家统一组织史书的编撰，等等。另外中国古人也有藏之名山传诸后世的想法，非常注意自己著作的保存和流传，名山事业是文人的大事。

冯骥才：民间文化是大众用双手和心灵创造的。老百姓不识字，民间文化大都是口传心授，代代相传，因而始终处在相当脆弱的自生自灭的状态中。历史上，一直也没有把民间文化看得很重要。唯有《诗经》和《乐府》是对民间文化一次总结性的收集与整理。此后，最多只是知识分子对民间的一点采风，从民间取得素材。在绘画上，自唐代之后，士大夫画家是绝对瞧不起民间绘画的。他们将民间画家视为"画匠"。

周立民：都是些所谓不登大雅之堂的东西，在心理上就排斥它。再加上它的传播和保持受到很多具体条件的限制，有很多不稳定的因素，生存一直受到各种威胁。另外，民间文化的不受重视，跟统治者的统治策略和文人们的某种话语霸权有关，尤其是对什么都要确立一个正统的中国社会来说，一定要先弄一个正宗的文化，像"罢黜百家，独尊儒术"这种提法，就不给其他文化形态以生存的空间，在文化心态上是一元化的，而不是多元的。这种心态影响到民间，就造成对民间文化的不珍惜，俚俗俚曲、下里巴人消闲解闷的东西，是层次不高的娱乐，像冯梦龙那样的有意识地记录和整理民间文化的文人并不多，而且冯梦龙本身的社会地位也很低的，地位高的都装模作样作诗去了。

冯骥才：在延安时期似乎比较重视民间文化，但主要是从革命出发，用人民喜闻乐见的形式来进行政治宣传和教育大众。

周立民：其实，对民间文化的重视从"五四"前后就开始了。当时的胡适之、周作人、刘半农等人都比较关心民间的东西，他们的目的也很明显，为新文学寻找一种资源，立足于中国本土和传统的资源。所以，胡适在《白话文学史》中，十分强调民间文学的传统，把以往文学中非主流的部分作为主流来认定，从而来反对正统的官方文化。后来郑振铎还写过俗文学史，说的也是那些不登大雅之堂的东西。周作人、刘半农还有从民俗学和人类学角度关注民间文化的这一层。当时，北大还有歌谣研究会，搜集各类歌谣，还出过刊物。但当新文学得到确立以后，人们似乎对民间文化的热情淡漠了。剩下的是从意识形态上来看它了，比如唯物史观中人民创造了历史的说法，带动了大家对民间文化的尊重，一直到20世纪30年代大众语讨论等，文化问题已经开始向思想问题和政治问题转化了，这种转化的最终完成就是你说的延安时期。这个时候，工农兵、民间文化获得了无上的地位和意识形态上的权威。但民间文化本来保存的原始和鲜活的东西，这个时候则很容易被政治改造得呆板、僵化。

冯骥才：这一阶段的"民间文化"大都把说教性放在第一位。因此今天看来，它最主要的意义是"革命文物"的意义。

周立民：其实民间文化在历朝历代都不是纯而又纯的东西，它显现在外部的层面总有教化的成分，但在地域分割的古代，也总有政权所渗透不到的地方，这对现代政权来说，却不成问题，可怕在这里。谈到对民间文化的破坏，我想特别谈一谈所谓"移风易俗"这个问题，我理解提倡者的良苦用心，是在反对迷信，提倡科学，消除陋习。但这些都是现代性的话语，是科学至上的工具理性，我们当然不能轻易否定它们对国家现代化的积极作用，但它也不是不要反思的。比如有些风俗，是几千年的老规矩、老习俗，尤其是许多民间的文化仪式，其实是不存在什么意识形态的因素，也不能用进步、落后这样的概念去划分的。而且，我们用什么来移"旧俗"呢？无非是西方的习惯。清明扫墓时，烧纸是陋习，献花就是文明的，过中国节没有档次，过洋节就文明了？为什么我们的民族习惯就是旧俗，西方就是新的？其实，按着我的想法，烧纸有生命化作一缕青烟的意思在里面，这是中国人的独特的生命观。

冯骥才：所以在全球化时代，我们应该重新认识民俗的价值。但这种话可能说也白说。因为很多民俗已经中断。但是，民俗是民间情怀和民族情感的载体。载体没了，情怀也就会日渐淡漠。在这方面，日本人和欧洲人都比我们做得好。

周立民：你说的"民间情怀"和"民族情感"非常好，这种情怀的淡漠也是事实。很多人可能没有意识到民俗在当代社会中还有一个重要的价值或功能，那就是帮我们找回很多人类的原初情感。人在不断制造的文明躯壳中，在不断现代化的进程中，也不断丧失自己的原初的感受力和敏感性，或者是用概念代替生命的本质，而在民俗中还留存着先民生命的遗存和气息，这对于当代人认识自我、调整个人与世界的关系有着很重要的意义。更何况，民俗也不是死的，每个时代也都给它灌注了很多新的内容。

冯骥才：说到这里，有个很有趣的话题那就是春节晚会。首先应该说，春节晚会已经构成一种新民俗。原因是春节晚会在三个方面符合春节——特别是符合"大年夜"的年俗和年文化心理的要求。一是全家团圆式，年文化中最重要的内容之一就是"团圆"。大年之夜，全家老小，围坐一起观看晚会，颇具"团圆"的意味。二是火爆热闹。因此许多笑星和小品就是依靠春节晚会"红"起来的。三是熬夜式。在所有电视晚会中，唯有春节晚会熬过子夜，这正符合年俗习惯。由于这三个原因，春节晚会被人们接受了，成为当今人们过年必不可少的节目。应说这是当代电视人对中国年俗的一种创造，一个贡献。

周立民：春节晚会作为中国人的文化年夜饭已经走入中国人的日常生活。作为年俗，人们脑子里考虑的似乎总是古香古色的东西。其实时代变化了，风俗也并非一成不变，民间文化的生命力恐怕也在这地方，它不是封闭的，而是开放的，随时吸纳新的东西来，像一首民族史诗，有很多版本，就是在流传过程中不同人不断丰富和发展它。

冯骥才：按照民俗学的说法，一种民俗必需经过三代人传承才能确立，但春节晚会却可以称它为"新民俗"，因为在中国年俗日益淡薄之日，电视晚会已是中国春节的重头戏。今年春节时，北京一家媒体问我怎么看电视春节晚会，我反问："不看晚会干什么？"这家媒体就用我这句话做标题——冯骥才说，不看晚会干什么？

周立民：春节晚会必不可少，但骂春节晚会好像也必不可少，甚至还有人说：都这样了，怎么还不停办？但要真不办了，大家又要闹开锅。

冯骥才：从深层上看，人们对春节晚会说好说坏，其实与电视节目的优劣无关。这涉及到民俗的本质。民俗是人们的一种文化生活方式。在民俗生活中，人是主动的。比如放鞭炮，崩邪气。心有不快，事有不顺，身体有病，放一挂鞭崩崩邪。一挂鞭不解气，不尽意，再放一挂。其他任何民俗也都是如此。人们可以用自己的民俗行为使自己在心理上得到满足。人在民俗中是参与者，是主角，是主动的。但在电视前，人是被动的，只是观众，是单纯的受体。心理得不到满足，也使不上劲儿和使不出劲儿来。所以，无论电视导演下多大力气，人们也会不满意的。

周立民：从民俗的角度来解释这种现象，很有意思。

冯骥才：即使这个人满足，那个人也照样不满足。因为每个人的心理
要求不一样。这就是春节晚会"年年骂又年年看"的缘故。

周立民：这可能与你说的参与感有关，在现场直接参与，各取所需，
每个人都获得了自己的满足感，这是民俗的功能。民俗在消除现
代人的孤独感，增加整体的凝聚力和情感交流上能不能发挥一点
作用呢？单就春节晚会来说，不论电视造成了多大隔膜，有一点
似乎不容否认，那就是人们心底的对"年"的情感还是很浓的，
大家需要一个节日、一个仪式除旧迎新，继往开来，需要它启动
新的生活新的希望。

冯骥才：你看看每年的"春运"，几千万人回家过年，就能感受到人
们对年、对生活的情感，以及对民俗的需要。本来人们已经创造
了一整套可以慰藉心灵和补偿生活的方式。但如今瓦解了。有的
是农耕社会的消退带来的，有的是由于对民俗的无知而自我破坏
的，有的则是全球化冲击的结果。

周立民：对民间有用的东西，拿来改造一下，其他的扔在那里任其自
生自灭。与此同时，我们大肆宣扬并敞开胸怀去迎接各种新的东
西，相比之下，民间的当然寒碜、破败了。

冯骥才：但是我们应该看到，在当今世界，越是经济全球化，各个国
家的文化越是"全球本土化"。越是先发现代化国家，越注意自
己的民族民间文化。在工业化和现代化初期，法国的文化部部长
马尔罗，他也是小说家，曾经发动过一次全国型的文化普查，口

号是"大到教堂，小到匙勺"，要将所有前人留下的有价值的文化遗产，进行巨细无遗的普查登记。这次普查大大增强了法国人的文化自信心与自豪感，也使得法国人在骨子里不买美国牛仔的账。同样，日本人搞过一次民间"紧急调查"，做得很好，如今浮世绘、歌舞伎、相扑等都登堂入世，变成很昂贵和高雅的艺术。日本人十分重视自己的民间节日。他们有很深很深的民间情感和乡土情感。

周立民：我们一直处在先进与落后、文明与野蛮这样的话语场中，一直心虚，所以总是不断地试图改造自己的文化，尤其是处在下层的民间文化。这当然有民间文化庙堂化的问题，但也有我们以什么观点来打量它的问题。我们用精英的观点来看，它本来就没有话语权，没有完整的体系，在更大的一种文化的压抑中，很容易被鄙视。这一点恐怕与日本和法国的态度就不一样。现在中国自己民间的节日愈来愈少，而洋节却漂洋过海来了，从情感上来讲，中国人对这样的节日又有什么感情？但事实上，尤其是年轻人不放过任何一个可以在洋节上狂欢的机会，这里面还有一个心理问题，似乎洋节就是文明的、高雅的，而民间的节日则是粗俗的。从大的方面来看，也暴露了我们对民间文化的真实态度。

冯骥才：半个世纪以来，我们用政治节日替换了民俗节日。现在政治节日淡化了便出现了许多空白，洋节就钻了进来。最近有些地方连万圣节——鬼节都露面了。民俗节日是一个民族生活文化的高潮。它最鲜明地表现民族的精神愿望与情感。可是，我们那些即使依然存在的民俗节日，其中的民俗内容已被抽空。似乎中秋节只是吃月饼，端午节吃粽子，元宵节吃元宵，全成食品节了。

周立民：这叫天赐良机啊，商家赚钱的良机！我们这几年不是一直在讲节日或是假日经济嘛，但节日文化似乎提的很少，最多是月饼盒上的一句广告词。现在更可怕的是人们心底最真实的、最牵系内心的情感被另外一种交易规则、行事准则等二次性的概念替代了。忘了是谁说的了，过去鞋匠做鞋，直接面对的是订购者，是具体的人和这个人的脚的大小、胖瘦。市场经济以后，它面对的是市场，是定单，是鞋码尺寸了，哪还有人的气息？所以当代的都市人，早已不是活在毛绒绒的"生活"中了，而是生活在光滑、冷漠的概念中。

冯骥才：更重要的问题是，我们从来没有从文化角度来看待民间文化，最多只是从艺术角度来看待民间文化。

周立民：可能跟中国的人类学、文化社会学这种学科不发达有关。

冯骥才：我想，有这方面的关系。西方人很早就重视民间文化。最近我到俄罗斯，特意看了19世纪末和20世纪初俄罗斯人科马罗夫和阿列克谢耶夫在中国搜集的木版年画。科马罗夫于1896和1897年在东北收集中国年画，阿列克谢耶夫于1907年到杨柳青和山东潍县一带收集民间木版年画。他们收集的数量十分巨大。在当时人们把年画只是当做一种廉价和实用的饰品，但如今这些木版年画在我国早已失传不存，极为珍贵。日本人也非常重视中国的民间文化；一百年来他们的学者不断到中国收集与研究民间文化。当然，他们更是把自己的民间文化看作是民族文化中非常重要的一部分。

周立民：这是显示民族特性的东西。

冯骥才：是的，如果说一个民族的精神与思想传统在他的精英文化里，那么它的情感、特征、凝聚力和亲合力就在民间文化里。精英文化是一种父亲的文化，民间文化是母亲的——母体的文化。我在一次会上做如是的表述时，民俗学家乌丙安又加一句："父亲也是奶奶生的。"精英文化也是由民间文化孕育出来的。

周立民：尤其是在中国封建社会中，民间文化保留了一些没有被正统文化改造的原初的东西，在人性压抑的时代中，它们也敢于正视人的欲望和要求，跟生命的本质联系得很紧密。

冯骥才：非常朴素的、原发的、自然的情感。

周立民：大胆的，直接的……

冯骥才：俄罗斯的汉学家阿列克谢耶夫在杨柳青买了一幅年画，非常说明问题。这幅画的名字叫"一人一性，百鸟百音"，意思是一个人有一种个性，就像一百只鸟有一百种声音，都是天性使然，因此要容忍别人的性格，不要去责怪别人的性情不好。这使我懂得，在封建时代只有民间才会这么理解和珍视"人性的美好"！

周立民：由于社会和生活的改变，特别是你所说的"农耕文明"的瓦解，原来文明架构下的文化肯定要消失，问题是我们任其自生自灭，还是我们留下一种形态、标本作为历史发展的参照？这需要形成共识。

冯骥才：民间文化在社会进程中解体是必然的，人类毕竟要脱离农耕文明，但不能因此而失忆。人类创造的文明不能随之抛掉。相反文明需要积累。

周立民：或者说，人类的生存状态发生了变化，一种与之相应的文化也将随之而逝。民间文化得到重视和保护的西方国家中，民间文化现在是一个仍与老百姓生活有联系的文化成分，还是一个博物馆中的艺术品？

冯骥才：西方人对民间文化是很有情感的。他们十分刻意地保留、强调、炫耀自己独有的乡土的精神和乡土的美。一次在奥地利多瑙河边的一个山村，很美，很静，极有情调。每家苍老而斑驳的门上都挂着一个鲜花或干花的花环，这是他们的习俗。一个少女穿着乡间长裙，到了自家门口，从腰上摘下一大串钥匙，上边拴着许多老式的大钥匙，嘎哒嘎哒开开门进去，在打开门的一瞬。我看见一间又宽大又古老又美丽的房间，一切摆饰都是传统和民间的。这让我感到非常震惊，他们居然生活在这样的一种氛围之中。当时，我想到一个问题，我们中华民族虽然有五千年光辉灿烂的民族文化传统，但在一个普通的工人和农民的家中，却很少看到古老的东西，没有任何积淀；如果有，多半是因为没有钱买新的换掉它，如果有钱早就换掉了。我们就这么讨厌老东西吗？我曾经写文章呼吁年轻人多留一点老祖奶奶的东西，哪怕是一件也好。西方人常常把他们老祖奶奶的梳妆盒放在屋内最显眼的地方，但我们却把最时尚的日本原装的电视机摆在那里。我们没有看重自己的文化与历史。

周立民：这种怀旧感是不是只是知识分子的一种情结？而他之所以有
　　　这样的情结是因为对新的东西不能有充分的理解和认同。可是一
　　　般的老百姓不但享受新的东西带来的实惠和方便，而且在新中感
　　　受到一种刺激、新奇，而那些被知识分子所拒绝的东西在以后的
　　　岁月中会不会也融到传统之流中成为一种新的传统？

冯骥才：怀旧是每个人都有的一种情感。怀旧是对生活的热爱。生活
　　　不仅是现在，还包括未来与过去。对，我回答你的问话——我们
　　　不能因为今天的一切到了明天便成为历史，就扔掉昨天的历史。
　　　因为每一段、每一页的历史都是我们生命的一部分。

周立民：这样的话要大声说一千遍，真希望有更多的人能听到它。

规模浩大的民间文化抢救工程

周立民：现在恐怕光呼吁已经来不及了，所以你要来实际行动了，是
　　　迫不及待的行动，不然就用不着叫"抢救工程"了，这就是"民
　　　间文化遗产抢救工程"。说到它，给我的感觉像是要修建一座文
　　　化的万里长城一般，不知这么浩大的工程，你打算首先从哪开始
　　　做起？

冯骥才：我要把前几年我在天津做的事情放大，放大到全国，方法其
　　　实还是那样——普查，就是用吃力的方法，艰苦的方法，田野作

业的方法，像马尔罗那样，但比他还大，还复杂，也还系统。我们的口号是"大到古村落，小到荷包"，对九百六十万平方公里和五十六个民族的整个民间文化进行一次彻底的拉网式的普查。

周立民：就是要弄清我们有些什么东西。

冯骥才：对！搞清家底。同时，这种普查是一个迫在眉睫的工作，故而我说中国民间文化在天天拨打 120，紧急呼救。

周立民：已经到这个程度了？

冯骥才：如果现在再不抢救，随着城市现代化，乡村城镇化，生活方式急骤改变，再加上大批的农民进城打工，民间文化的传承就会中断。比如贵州黔东南地区有 33 个民族，民间文化资源十分雄厚，但那里很穷，有 30 万年轻人到江浙一带打工。他们已经不再喜欢祖祖辈辈留下的那些歌呀舞呀，手工艺呀，服饰呀……文化的传承面临断裂。再比如甘肃的民歌"花儿"是在民间庙会上自发的一种表演形式，很迷人，特色极浓，但如今传承"花儿"的人愈来愈少，庙会上便改用录音机播放"花儿"，有时还插播港台流行歌曲。由此类推，2007 年通藏火车一通车，藏文化肯定会受到很大冲击。如今从八角街到墨脱，人们开始把洋楼当做生活的追求了。再比如前些日子，我们中国民协到甘肃做民歌调查，发现一位裕固族的老太太，民歌唱得极好，她会唱很多歌。我们将她确定为采风重点，第二次去找她，她竟然就在几个月前去世了！老太太在去世前还说：他们怎么还不来呀！她就像阿炳一样，把那些美丽的歌全带走了，没有法子挽留！所以抢救是一天也不能等的！

周立民：这是一个让人感到有些悲壮的行动，一边在不停地破坏，一
边像是从大火里往外抢东西。一谈到这些，我发现你的使命感又
来了。

冯骥才：因为事情是有时间性的。我们抢下来多少，后代拥有多少。
应该说这件事是历史交给我们这一代人做的。

周立民：你说得我都热血沸腾了，恨不得去帮你们填个表扯个线。我
也好久没有听到过知识分子这种带有使命感的表述了，不知道除
了你之外，你的一些合作者们是不是也抱着同样的情感和意识？

冯骥才：当然！全国各地都有一些专家学者以及民间文化的志愿者，
在默默地做田野考察。比如我们中国民间文艺家协会所承担的民
间文学考察已经做了十八年。主要是搜集民间故事、谚语、歌
谣、笑话、童话、谜语、歇后语等。参与这个工作的有数万人之
多。每县一册，现在已完成三分之二。手稿约30亿字。这次我
们计划把民间文学的普查全部搞完，整理后出版。这将是中国文
化和中国文学的一笔重大遗产。

周立民：有数万人参与，哪来这么多人？都是专业人士吗？

冯骥才：中国民间文艺家协会各地会员就有四万人。中国绝大部分民
俗学家和民间文化学者，是我们的会员。还有大批在全国各地热
心的民间文化工作者。在普查开始与过程中，我们还要组建各种
类型的培训班，进行专业培训。

周立民：中国大学中开设民间文化专业的恐怕不多吧？前一阵有人疾

呼考古人才的短缺，民间文化研究界存不存在这个问题？更让我感到紧迫的是，怎么听不到他们的声音，似乎我们的研究者都躲在哪里做不问世事的考察。我觉得除了研究之外，目前更重要的是唤起一种公众意识，让大家有紧迫感、认同感。

冯骥才：你所说的，都是我面临的问题。一是人才短缺；二是民俗学在前两年被降为二级学科，足以证明我们把民间文化放在什么位置上，这也是钟敬文先生生前耿耿于怀的事；三是长期以来形成的公众对民间文化的漠视。

周立民：现在，你们的文化抢救工程不会像以前那样要先分什么精华和糟粕，然后"取其精华，去其糟粕"吧？

冯骥才：不会的，我主张就是先捞上来，然后再甄别和整理。我们的工作分为五个内容，即普查、登记、分类、整理和出版。但不管最后出版的标准怎样，在普查和搜集时，应该没有禁忌，愈多愈好。有些东西今天看是一种迷信，明天看可能就是文化了。我们还是要尽量给后代的研究多留下素材。

周立民：经过那么多年政治和文化的淘洗，我们的民间文化还可能保持原生态的内容吗？如果没有了，那么现在怎么抢救？

冯骥才：抢救当然是依然存在的。这包括三方面：一是活态的，也就是原生态的。这是首先要抢救的。二是现在时的状态。要记录下来，21世纪初它们的存在状态，弄清楚到底是活态的、濒危的，还是灭绝的。三是历史遗物。对那些已经灭绝的，我们要抢救性地搜集历史的遗存。

周立民：讲到民间文化，似乎都是荒山野岭中的东西，或者是哪个少数民族的民风民俗，这当然是其中很重要的一部分，但我觉得仅把这当做民间文化的全部，那是简化它。这种简化又有一种猎奇的心理在起作用，在猎奇的同时是对我们身边文化的冷漠。其实汉民族自身的许多民间文化形式都在消失，人们却丝毫不感到可惜。不知道在民间文化抢救工程中，是不是注意到这个问题，将文化保护与那种猎奇分开。

冯骥才：猎奇是书斋里的书生或城市人对远在天边的民间文化的一种涉猎心理。我们没有。我们要做的是学术性的普查。我国地域复杂，民族众多，历史悠久，文化多元。在战国时代形成的楚文化、吴越文化、齐鲁文化、燕赵文化，今天依存。而错综复杂的历史过程中，民族的迁徙，政区的变革，文化更呈缤纷多样。各种"奇异"的民俗形式不胜其多。但我们除了要精确地记录下各地各种民间文化独有的形式，更要搞清其内在的民俗含意。

周立民：抢救工程的最终成果是怎样的？

冯骥才：每个县一本《中国风俗志》，约2000卷。每个县一册《中国民间文学全书》，约2000卷。一套约500册巨型的《中国民间美术集成》。还有《中国民俗图典》《中国手艺人名录》《中国民间文化分布地图集》，以及中国民间文化档案资料库，等等。我们这项工作的总名叫做"中国民间文化遗产抢救工程"。

周立民：这的确是一个规模浩大的宏伟工程。这个结果也让人兴奋异常。我甚至更关心在调查之后的研究工作，因为没有这些，你所做的更大价值和意义就显示不出来，所以我想在这个抢救工程的同时，是不是同时有培养民众对民间文化感情的努力，同时也有学者充分研究和整理这些文化成果的东西，否则，把这些东西只放在那里，等于还是死的。

冯骥才：其实，研究工作从普查时就开始了。普查是一项学术性很强的调研工作。还包括甄别和整理。没有这些研究工作，就无法出版和建立资料库。至于更深入、更广泛的研究，则要在抢救之后。如果不抢救，后世的研究便没有资料与凭借。所以我说，请学者们暂时离开自己的书桌，到田野去！研究的工作永无止境。抢救则是我们这一代人的时代性的使命。同时，抢救与普查，也将为我们的学术研究注入无限的活力。

周立民：那么，抢救这些民间文化是让它们复活，还是区别对待，有的复活，有的只是保存标本？

冯骥才：有的要努力保持活态，有的送进博物馆。

周立民：回到文化抢救工程上来，这个工程现在已经启动了吧？

冯骥才：已经启动了。2002年10月我们的专家小组到了山西、山东两个省去采样，对一个黄土高原上的古村落和一个民间作坊做了规范性考察，随后编了一本"普查范本"。我们的工程复杂、庞大、千头万绪，首先要统一标准、统一规范、统一方法、统一目标。这样才能有序地展开。

周立民：能否详细介绍一下参加这工程的人员和机构的构成，它是以中国民协配合为主体，下面各省市民协配合吗？又怎么向县、乡更下层渗透？相互间的配合和衔接怎么进行？

冯骥才："中国民间文化遗产抢救工程"由中国民间文艺家协会主办。邀请会内外的专家学者组成专家委员会和工作委员会。前者负责学术指导与研究，后者负责组织、协调、推动与运行。中国民协已制定工程大纲。各省市民协也将制定相应的地区性计划，省市民协的工作目标是具体落实到县一级。从中国民协到各地民协都已成立"抢救办"（民间文化遗产抢救办公室）。上下相连，相互沟通，构成网络。

周立民：这个工程需要十年，甚至更多的时间，这十年时间进度上的大体分配是怎样的？

冯骥才：大体上分为两个阶段。第一阶段是2003年至2007年，以抢救和普查为主。第二阶段是2008年至2012年，以编集和出版为主。前后十年。由于工作范围极其广阔，所以要有先后次序。我们强调三个优先，即地区优先，项目优先，濒危优先。对于文化底蕴深厚、当地政府积极性高和积极给予支持的省份，对于一些具有全国规模的民间艺术项目，对于转瞬即逝的濒危文化品种，采取"优先启动"，立即进行普查与抢救。现在已有十五个省，以及中国木版年画、中国剪纸、中国民间作坊、中国皮影等项目和品种，全面展开了普查。

周立民：十年时间，加上这么庞大和复杂的事情，你有没有压力？

冯骥才：最大的压力是每一分钟都有一批民间文化死掉。

周立民：这是没有办法的事情。但从这个工程的具体实施来看最大的困难将是什么？

冯骥才：第一是经费。我初步计算一下，经费大约需要十亿以上。特别是这次普查是可视的、有声的、动态的、三维的全面记录，需要摄影与摄像等声像手段，耗资很大。经费不到位就很难启动。第二是组织，要把全国每个县都调动起来，也是一件极其艰难的事。第三是工程的推动。一个巨大的文化工程干十年，中间会发生各种困难，会出现松懈，会进度不一致。这些都是很大和很难的事。

周立民：这些问题都怎么解决？

冯骥才：经费和组织方面，主要要由国家立项。为这件事我已经奔波了一年。找有关的部门领导谈话，在各种国家层面的会议上呼吁，在媒体上抛头露面，以期引起各方面对这项工程的关注。现在有了可能。至少已经列入"国家社科基金特别委托项目"和文化部的民族民间文化保护的项目。当然进一步还要争取得到国家拨款经费和相关的文件。有了经费和文件的保证，工作才能顺利进行。现在犹如旱地行船，很难。

周立民：国家最终能支持吗？

冯骥才：这首先是国家的事，国家理所当然应该支持；但这也是我们知识界的事，缺少经费也得去做。好像毛泽东说过这样的话："没有条件创造条件也要做。"我们的工作在2003年2月18日已经正式启动。3月25日至26日召开了全国各省的工作实施会议。方案已经全部布置下去。前边我说过了，由于一些地方政府大力支持，普查工作已在十五个省市率先展开。

用行动唤起人们的意识

周立民：困难虽然很多，但讲起这个工程，你依旧雄心勃勃，好像很
乐观。

冯骥才：不，我心里边那个无声的地方，有时也悲观。但我不愿意
说。我怕给我自己泄劲。

周立民：是什么使你有时感到悲观？

冯骥才：我们能不能换一个话题。否则情绪会淹没思想。

周立民：好吧，在这个时候，是气可鼓不可泄，应当像古代送勇士远
征，捧上一杯酒，仰头一饮而尽，期待着你们的得胜而归。那
么，我们下面，谈一点与你个人有关的话题。我发现你自从投入
到城市文化保护以来，越来越离开你的书桌。你对自己似乎有一
个说法，一个称呼，叫做……

冯骥才：有机知识分子。行动知识分子。

周立民：为什么？

冯骥才：因为我面对的问题，属于前瞻性的，需要思考；又很现实，
单纯用笔触不到实际问题。用小说——没等你把小说写好，一个
古村落就没有了。

周立民：什么叫有机知识分子，像萨特那样的人？

冯骥才：是李欧梵这样称呼我的。有机的，就是多方面的，综合的；既用笔，也用行动。后来我干脆就用"行动的知识分子"了。

周立民：你相信"行动"的力量吗？

冯骥才：我很欣赏孙犁的一句话："行为主，文为辅。"当然他说的"行"，是身体力行，不只是说说而已。行动是一种投入。而且行动是有感召力的。

周立民：这当然是毫无疑问的，但也有一种说法，说知识分子，尤其是人文知识分子，主要是为社会提供思想武器和精神资源的，是启发人去思考的去行动的，而他自己不一定要投入到实践中，甚至还有人认为知识分子必须与实践对象保持一定的距离，才能客观、理性地看待它。再加上社会分工的细密，知识分子就应当做"自己的"事情，而不能越了疆界。对这种说法，你怎么看？

冯骥才：如果一个人眼看被车撞死了，你能不上去救他，而站在一边"深刻"地阐述生命的价值吗？ 20世纪初，敦煌遗书被劫，如果不是罗振玉、陈寅恪、向达等一大批知识分子呼号于朝庭内外，奔波于欧亚两洲，中国可能连敦煌学也不会有的！但正是他们的"集体行动"，掀开了中国文化保护史激动人心的第一页。

周立民：也有人在怀疑知识分子的能力，认为知识分子讲大道理可以，做实际的事情是一塌糊涂，百无一用是书生嘛！我不知道这是知识分子总是不去实践退化了的结果，还是知识分子天生就得远离实践？

冯骥才：依我看，被实践了的思想才是有生命的，不管是成是败。

周立民：就你个人来讲，行动与不行动，差距在哪里，我当然不是问实际利益上的，而是从精神和内心上来说的。

冯骥才：如果一辆车开得很危险，"不行动"是站在道边高喊"停住"，"行动"是跳到车上去抓刹车。行动者的感受，就是——你不是局外人。

周立民：说白了，还是一个文化责任感的问题，其实局外人也没有什么，这个社会不也有很多这样过得舒舒服服的人吗？谁都不会去指责他们，但在你这里却不行，你自己不能容忍自己这样，这是责任感带给你的内心的律令。在这里，我想插入另外一个问题。

冯骥才：请说。

周立民：在当今社会，行动就要常常进入媒体，你的很多事情也是媒体关注的焦点，你不担心有人认为你炒作吗？

冯骥才：有时是炒作。但这是文化炒作，不是商业炒作。是炒作文化，不是炒作自己。我心里很明白，如果想炒作自己，那应该请媒体炒作我的小说或散文。因为一个作家的名字只是在自己的作品上才有意义。在商品经济时代，全球化时代，我们的民间文化是一个"弱音"。在流行文化的大潮中几乎看不到。我们需要媒体的帮助。因为市场经济的时代，是媒体指导生活的时代。

周立民：其实你在做一个启蒙的工作，充分地借助了媒体在现代社会传播中的优势和影响力，这是在当代社会中，知识分子理念的一种转化方式。但正像我们以前谈到的那样，媒体是在不断寻找卖点的，卖点没有了，它还会与你积极配合吗？

冯骥才：媒体对它的对象是有掠夺性的。它们每遇到一个对象，都是尽力从中把大众感兴趣的东西掏光，把油水榨尽，曝光，然后扔掉。

周立民：你怎样排除这种干扰？

冯骥才：对，我对媒体的态度是，我设法利用你放大我的思想，我的声音。但决不为了迎合媒体而轻薄了自己所做的事情的神圣性。

周立民：强调自己的主动性，把握主动权，减少那些浮在表面的流行元素的提供。这是你的分寸。

（节选自《冯骥才周立民对话录》，苏州大学出版社 2003 年版）

文化的疼痛与守护

时　间：2018 年 2 月 5 日
地　点：天津大学冯骥才文学艺术研究院
问话人：《纵横》杂志（文中简称"纵横"）
答话人：冯骥才

纵横：冯先生，您在 20 世纪 80 年代发表的小说《神鞭》《三寸金莲》影响极大，其主旨是批判中国传统文化的"劣根性"，而您从 90 年代开始从事民间文化遗产的保护却强调传统文化的保守和传承，从表面上看这种态度是矛盾的，逻辑上并不自治，您自己是如何看待这种矛盾的？

冯骥才：问得非常好。我写《神鞭》《三寸金莲》，实际上是反省我们文化负面的东西、国民性中负面的东西。鲁迅先生早就做过很深刻的反省，对传统文化中负面的内容展开过批判。我做民间文化遗产保护，是保护传统文化。前者是批判，后者是保护，这两个东西是不是冲突呢？我也想过，实际上这是一个问题的两面。因为任何一个民族的文化，它既有优根，也有劣根。鲁迅先生当时提出国民性问题，是想催动国人的自省。鲁迅先生对国人的态度是"哀其不幸，怒其不争"，他要让国民有一种清醒的自我反省，这也是要唤起一种文化自觉。他从文化的负面入手，指出我们身上有垢病，这个病是封建性的东西。

我80年代对传统文化劣根的批判和90年代对传统文化优根的保护，实际上是一体的，是一体两面。80年代要进步，需要从国民性的角度来进行自我批评，求得自身的解放与健康的进取；90年代做的事是保护文化遗产，是在开放中怎么保持自己身上优秀的东西，不丢掉自己伟大的传统与本色，这两个是一码事。80年代强调国民应该自省，要看到我们身上的问题，因为这些不好的东西会妨碍我们开放与进步，就像鲁迅写的阿Q身上那类东西，我们需要这样一种自省与自觉；到了90年代，我们需要对传统文化中好的东西保持一种自觉。这二者如同一枚硬币的两面，所以我很容易就转过来了。

纵横：从五四时期到现在，思想界对传统文化抱着截然不同的两种态度，或者全盘否定，或者全盘接受，您从文化自觉的角度将对立的二者统一于一体，这是一种思想贡献。那么在实际过程中，您从内心深处是怎样从文化批判转向文化保护的？

冯骥才：90年代的文化保护基于一个时代大环境，就是我们把自己文化中好的东西忘掉了，我们不知道我们的文化好在哪儿。鲁迅那个时代是不知道我们民族的问题在哪儿，我们的负面在哪儿；现在是不知道我们民族好的东西在哪儿。为了急速地摆脱贫困，得到物质的丰富，取得经济的高速发展，我们忽视了精神性的东西，把我们民族优秀的东西像泼水一样，连同孩子一块儿泼出去了。"文革"期间，我们是恶狠狠地毁掉了我们文化中好的东西；改革开放期间，我们是乐呵呵地扔掉了我们文化中好的东西。

而且，这个时期我们对外开放，国门大开，外来的东西纷纷涌入，文化也跟着一块进来了。这个文化主要不是西方精英的经典文化，大部分是商业文化和消费文化，比如各式各样的时尚品牌、NBA、超市、迪士尼、好莱坞、汉堡包、动漫等。我们来不及对这些外来文化进行挑选，整个一套东西就一股脑儿地进来了，弥漫了我们国民的精神。我们的年轻孩子，脑子里全是这些东西。

体现在城市建筑上，就是不分好坏，不分有没有价值，认为只要是旧的都不好，全要盖新的，全要玻璃幕墙。我当时写过一篇文章，叫做《中国城市的再造》，因为在 90 年代很短的时间内，我们 600 多个城市以很快的速度基本变得一模一样。把自己原来的城市从地球上抹去，重新建造一个新的城市，这种情况全世界都没有。世界上除非遇到特大的地震或者是战争（比如说二战的时候，像华沙、杜塞尔多夫这些城市再造），很少听说把一个城市乐呵呵地拆除重造，好像这个城市没有发生过历史一样。

纵横：著名文物学家谢辰生先生说过，北京城城墙的拆掉，不是北京被毁得最厉害的，城墙拆了北京城还在，毁得最厉害的是 90 年代。

冯骥才：对，真正代表北京的并不是北京的几个符号，不是天坛、故宫、颐和园，而是那些四合院、胡同，以及四合院和胡同里的文化。但我们一下子就把它们全拆了，城市伤筋动骨地改变了，历史中断了，魂儿散了，表面看也就没有自己的特色了。这时我们才发现，对自己城市的自豪找不着凭借了，城市的文脉断了。不仅北京，各地全是如此。几千年来不同民族、不同地域创造和积淀的深厚和各具特色的文化，被轻易地抛弃了，都被当做过时的、无用的东西抛掉了。我们干了多蠢的事，多没有文化的事！一个多月前我到白洋淀去了一趟，回来后我写了一篇文章，叫《白洋淀之忧》。白洋淀原来的房子非常有特点，都是平顶子，粮食等东西都在房顶上晒，房顶周围一圈女儿墙；房子与房子很近，邻居间串门的时候从我家迈一步就可以到你家。白洋淀涨水时，一楼容易进水，人们就搬到房顶上去。这两年白洋淀为了搞旅游，把原来的房子全拆了，全盖成了徽派建筑，而且每个村庄外边居然垒了一个花园似的墙、苏州园林似的墙，粉墙灰瓦，中间做成各式花窗，菱形的、圆形的、扇形的，完全是江南特色。还有一个村子，请来美院建筑学院的一位博士设计，这位博士曾经在日本学建筑，喜欢日式建筑，所以就盖了一片日式房子。白洋淀是抗日根据地，是雁翎队出没的地方，这么干是不是太荒唐？直到现在，我们的历史文化还在遭受破坏！

这里有一个很大的问题，就是对优秀传统文化背后精神的忽视、对精神价值的忽视，一切都服从于市场的需求，好像我们的文化只有能够卖钱，才是有用的。今天仍然是这样。在中央文史馆成立 60 周年纪念的时候，我在人民大会堂跟温总理当面说，我们 600 多个城市没有了；从 2000 年到 2010 年，我们一共消失了 90 万个村落。原来是 360 万个村落，到 2010 年只剩 270 万个，可怕的是，到底消失了哪些村落我们并不知道。我对温总理说："汶川地震的时候，大禹的故乡淹没在堰塞湖底，您不是很着急吗？中华民族何止一个大禹的故乡，在我们还来不及对村落的历史逐一问一问的时候，这些村落已经没有了。"应该承认，我们沉甸甸的历史已经变得"稀薄"了；我们中华民族非常雄厚的、灿烂的、密集的文化，正在被快速地稀释，但是没有多少人为她着急。我们不是文明古国、文化大国吗，为什么没多少人为文化的命运着急？

纵横：是什么机缘促使您开始民间文化遗产保护行动的？第一次保护行动是哪一年？

冯骥才：90 年代初我画了一批画，我在这些画里放进了自己一些新的想法，我很想给人们看看，就到六个城市巡回展览。在上海展览的时候，《文汇报》和《解放日报》的几个记者朋友对我说，冯骥才，领你去看一个地方，特别好玩。我问哪里，他们说周庄，刚过完 900 岁的生日。我问还有什么，他们说还有个沈万三的故居。我小时候就看过沈万三的连环画，很有兴趣，就一块儿去了。

到这个村庄一看，900 岁生日过完，已经恢复平静。这是一个原汁原味的老村庄。因为是冬天去的，地上湿漉漉的，苔藓还有点绿，房顶和桥栏上都有苔藓。那天下着雾，站在桥上，可以听到空中有鸟飞过，桥底下有船划过的声音。我在那儿站着，就跟梦一样。这时我看见远处一座小小的房子，在河边，很美。当地人跟我讲，这是柳亚子的迷楼。柳亚子当年跟沈钧儒搞南社，常在这里聚会，交换进步思想。一个寡妇带着一个女儿，在这儿开了一个茶楼。

他们说，你很幸运，这个房子你要不看的话，很快就要拆了。我问为什么要拆掉呢？他们说现在周庄人都把自己在当地的老房子卖了，卖了以后把木料拆下来，在镇外找一块便宜的地盖新房，人们都这么干。这个迷楼店主也想把房子卖掉。我问卖多少钱？他们说不贵，也就几万块钱。我当时一听就有点着急。这是很自然的，在没有经过什么思考的情况下，就是一种很自然的感情。我跟朋友说，这个房子我买了吧，我的画正在上海美术馆展览，有人要买画，我说我不卖画，但为了这个迷楼，我愿意卖一幅画。一幅画可以卖几万吧，卖了之后我把钱给你们，你们把这房子买下来，作为《文汇报》接待客人的地方。回到上海，我就把一幅画——《太白诗意》卖给了一个台湾人，卖了多少钱我忘了，反正是几万块钱。

钱给房主以后，他说卖低了，得卖15万。我说好，我再卖画。但是还不行，卖主又要30万了。当时30万可是非常高的价钱了，90年代初房价这么高是很离谱的。这一来我就跟他较上劲了。后来当地的负责人跟我讲，冯先生你放心吧，这个人不会卖这个房子，因为他也知道这个房子有价值。就这样，迷楼给留下来了。去年我这儿的一个摄影师还去迷楼给我拍了几张照片。

这是我的第一次文化遗产保护行动。尽管我还没有付钱，但是开始做了这么一件事，这是 1991 年 12 月份的事。

纵横：保护周庄的迷楼是个很美的故事，听说您紧接着又卖画给应昌期先生，修缮了唐代诗人贺知章的祠堂？

冯骥才：1992 年 3 月，我回老家宁波办画展。展览期间，当地政府说，冯先生，在月湖边上有一个特别好的房子，是贺秘监祠，唐代诗人贺知章的祠堂，政府想把它改造好以后交给文联。如果你整个修缮了，这房子就给你。修缮费用大概需要 20 万块钱。

当时如果没有那 20 万块钱，这房子可能就拆了。我到那儿一看，觉得非常好，很有味道。房子后边临着湖水，有一个小院子，格局很好，典型的徽派建筑，就是马头墙的这种。我说这样吧，我正好在办展览，就把我展览中 6 尺对开的大画拿出五幅卖了，4 万一幅，卖了以后钱给宁波文联。他们说行。没过两三天，台湾著名企业家、应氏围棋计点制创始人应昌期来了。他一看，特别喜欢一幅名为《老夫老妻》的画。这是我的一个典型题材。"文革"期间，我的生活很难，我跟爱人一起住着一个很破的房子。有一天我画了一幅画，一片风雪飘飘的树林，一棵大树里边藏着一对小鸟，我说咱俩就像风雪里边的两只小鸟。1976 年地震，我们家房子塌了，那幅画还挂在墙上，我就把它摘下来了，这幅画对我有特别的意义。我对应先生说，那我重画一幅吧。画完以后拿给他看，应先生说，这就是我跟我妻子的一辈子，我们经历过很多艰难，特别有感触，我要了。当时他掏了 10 万块钱。很快这几幅画就卖完了，筹到 20 万块钱，把贺知章的祠堂修缮好了，交给了宁波文联。现在我每次回到宁波，必到这儿去一趟。这都是我文化遗产抢救的前因。我找到了一个方式，就是卖画。

纵横：这两件事情干得漂亮，可以说是源自一个作家和画家的内心情感而触发的本能的行动。90 年代中期，天津进行"旧城改造"，您又挺身而出，留下一个老城博物馆。听说还"冒犯"了李瑞环主席？

冯骥才：1994 年，天津报纸忽然发了一条新闻，说是天津城区要进行旧城改造。天津有 600 年的历史。1404 年明成祖朱棣把首都迁到北京之后，天津建的城。它的文物非常密集，非常多。虽然义和团运动的时候，八国联军把它炸得面目全非，但是一些好的东西还在。

当时老城里的人民生活条件很差。这城五六百年没有人修，一代代人住在那儿，房子都是砖木结构，很容易烂，很容易坏。政府要改造，我觉得是出于好意。但是这城里边还有很多珍贵的东西。

有一次开政协会议，我跟李瑞环主席说，有一个不好的词，叫"旧城改造"。如果说"老城改造"，我们起码还知道这老城里还有好的东西，但"旧城改造"呢，首先想到的是旧的不去新的不来；而且"改造"都是针对不好的东西而言的，例如知识分子改造、劳动改造等。如果说"老城修缮"就好得多。李瑞环说，"旧城改造"这词是我发明的。当时那可是大会，四百多人啊。我跟李瑞环说："冒犯了，主席。"李瑞环就笑了，说："你这话是对的。当时我们没有这个觉悟，我们想解决的，就是老百姓的生活问题。你们现在这个观点是对的。"李瑞环的气度我是真心佩服的，他是天津的老市长，跟我们文化界的感情很好。后来我在天津做了很多事情，他都是支持我的。他甚至跟天津市长说，你们要听听冯骥才的意见。

这个老城当时承包给了一个香港商人做改造，他预备把这个城铲平，改造成"龙城"。我就跟市里边提意见，可是市里边接受不了，说已经定了，没有办法。我当时在天津文联当主席，我就跟摄影家协会主席说："咱们组织一个纯民间活动，请摄影家采风，我掏钱。"钱从哪里来呢？我只有一个办法，就是卖字卖画，这是从周庄和宁波留下的"老法子"。但是当时很惨，房管局、城建局、规划局的那些领导都要画，而且都要三张，本人一张，秘书一张，司机一张。这些人我全得给，因为我需要他们支持我。做什么事呢？一方面，尽量保住一些重要的历史建筑，一方面就是把整个老城考察一遍，记录下来，别最后把它铲平了后人什么也不知道。我们把整个天津老城里里外外考察了一番。那时候我就是整天画画、写字，所有的活动经费全由我个人掏钱。对天津老城的考察前后历时两年多，1996 年年初结束的。

在老城开拆之前，我找到天津市副市长王德惠，我说老城马上就要拆了，您能不能留一栋房子建一个老城博物馆？他问博物馆怎么运行，我说由南开区政府负责，我已经找他们谈过。他问博物馆的东西从哪儿来，我说搞一个捐赠，我来号召老百姓捐东西。凡是属于老城记忆、老城标记、老城特征的，都可以，家具、生活物品、照片、资料、书信文献都可以往里捐。只要老百姓捐，谁捐了谁都会惦记这里，他的感情跟老城就不会分开。他说你这个主意挺好，我支持你。那时候老城已开始动迁和搬家，我就在老城里买了一批东西，有砖雕、牌匾、家具。我还在博物馆房子前边开了一个会，会上我讲了为什么要建一座老城博物馆，然后我第一个把东西捐出来。在短短几个月内，博物馆就收了几千件老百姓捐的东西，老城博物馆就建起来了。现在这座博物馆还在老城保护下来的十字街上。

纵横：在抢救天津老街——估衣街时，您跟市里面直接叫板，过程十分激烈，虽然以失败告终，但您以民间文化遗产保护者的崭新形象进入了公众视野。这个时候，在文化遗产抢救上，您已经相当自觉了吧？请您讲讲这个过程。

冯骥才：1999年快到春节的时候，我们想在天津最老的一条街搞一个元宵晚会。这条街叫估衣街，后来叫文化街，天津市重要的商业铺面都在那儿，有谦祥益、青云栈、瑞蚨祥等老字号，铺面都非常漂亮，有点像北京大栅栏，有700年的历史，比天津城还要早，先有估衣街，后有天津卫。

就在我们要搞活动的时候，忽然看到公告，估衣街都贴满了，说要在一个月之内把估衣街拆掉，所有的店铺停水停电。我就跟市里边提意见。

说句实话，估衣街的保护在当时是非常难的，后来争论得很厉害。

保护估衣街，我也是不顾一切。市委书记张立昌很不高兴。估衣街上有个天津总商会老建筑，是中国仅存的五四运动的遗址，是周恩来和邓颖超演讲的地方。当时天津学联副会长马骏组织学生运动，让总商会也行动起来，可商人们为了自己的利益，不愿意罢市，马骏就拿头撞了总商会戏台的柱子——后来拆的时候没人知道这柱子的历史，我花 200 块钱很便宜就买下来了。这个柱子是一代青年人的热血。我当时建议把总商会留下，同时把谦祥益、青云栈、山西会馆都留下……我提出各种方案，他们都不接受。我只好重点保谦祥益，因为谦祥益是文保单位。

后来张立昌来文联开座谈会，我们文联的书记提前跟我打招呼说："你不要再提估衣街了，因为张立昌在市里开会的时候当面跟我说了：这估衣街是你们文联管的吗？"可是在座谈会上我不能不说，我还是说了。我说，估衣街是重点文化保护单位，是木结构的房子，现在停水停电，如果一旦失火，谁负责任？不能停水停电，估衣街是必须保留的。我态度很坚决，但说得很平缓，也没有火气，我讲我的道理。在道理面前他们都没词儿了，谁也没出声就散会了。

说完以后，邮局就找我，说我们支持你，咱们出一套估衣街的明信片，把估衣街最后记录下来，留个纪念。我写了一些对联，做了一套估衣街的明信片，准备在估衣街上的邮局发行，我签名。可是报社不给发消息，因为他们已经接到通知：这段时间关于冯骥才的各种保护行动不许报道。我被"封杀"了。正好这时天津电台在做一个关于消防大队的节目，这个消防大队是我们文联经常采访的单位，他们请我去讲话，结尾时他们问冯先生最近在干什么，我说在做一套珍藏估衣街的明信片，几月几号我们将在估衣街邮局发行，希望大家来，东西很珍贵。估衣街邮局是天津市最老的邮局之一，现在还保留着最老的图章，我说非常值得去。到了那一天，我去了，一看估衣街邮局门口贴了一个公告，说那个地方要拆了，房子不安全，谁也不能进。当时我就决定在估衣街街口的另一个邮局搞，老百姓就跟着去了。

那个队伍排了有三条街，正好那天相声演员牛群在天津，我说牛群你帮我一块签名去，我俩签了三个小时的明信片。签完名以后，我很激动，就到估衣街街中心拉了几个木头箱子，站在箱子上讲估衣街的历史。我说我们要爱惜我们的城市，这个街拆走的时候，好的东西必须留下来，要给城市留下来。

之后，市里边请我和一些专家、政府相关部门人员还有开发商在市政府开了个会，王德惠主持。他说，市里决定要用保护性的办法来解决估衣街的开发问题，叫保护性开发；估衣街六个珍贵的建筑要保留下来。还说，开发商几乎牺牲了几千万的利益来支持市里这个活动。之后他点名让我也说一说。我说，德惠市长讲的保护性开发很好，这证明我们政府有文化的眼光，开发商当然应该支持；但也不能说开发商牺牲了几千万，你要拆天安门不让你拆的话，你能说牺牲了几百个亿吗？后来估衣街流传一句话，叫"冯骥才加上谦祥益，××（开发单位）损失一个亿"。有人提醒我说，冯骥才你小心啊，你叫人少赚那么多钱，小心有人拿砖拍你。会后我特别高兴，专门写了一篇文章支持此事。

此后不久，法国科学院的人文基金会请我去法国，他们知道我在做城市文化保护，希望我跟巴黎的城市规划学者、建筑学家、艺术家见面，同时也让我看看法国的古典建筑到底是怎么保护的，城市是怎么保护的。在法国，我了解到雨果、梅里美、马尔罗他们关于城市保护的许多观点，了解到他们上世纪 60 年代的"文化普查"和文化遗产日，对此我做了很多研究。

在法国待了还不到一个月的时候，我忽然接到一份传真，是估衣街的店主集体发来的，每个人都签名盖了章。大概意思是说，在我走了以后，他们说趁冯骥才走了，赶紧拆，结果就拆了。我当时没想到会这样，政府不是说要"保护性开发"吗？政府说定的还会不算吗？我托熟人去打听，结果他们告诉我确实拆了，政府答应不拆的那几座建筑也开始拆了。我还托人找王德惠，也没有消息。我很着急，很快就踏上了归程。回到天津第二天我就到了估衣街，到现场一看我就傻了，整个估衣街一片平地，全是废墟，全拆了，到处都是铲车、吊车。原来说的那六个建筑，只剩谦祥益的一个门脸，它的另一半也拆掉了，像青云栈、山西会馆、总商会也全都拆掉了，一片瓦砾，什么都没有了。

我哗地一下眼泪就流出来，面对北京记者的提问，我哭得连话都说不出来了，最后只能喟然长叹。这些历史建筑一旦拆掉就没法恢复了，就算恢复了也不是历史了。后来《中国青年报》的记者写了一整版文章，反响很大，叫《冯骥才哭老街》。我把抢救估衣街的整个过程也写了一本书，叫《抢救老街》，但这书在天津不许卖。

后来，有一次我跟海南省委原书记罗保铭一起吃饭，他跟我说，你的"封杀"被解禁了。我说怎么解禁了呢？他说，瑞环回来了，把张立昌和李盛霖叫去了，说他们做得不对，冯骥才的话是对的，他们应该听。

但拆了的建筑不可能再复原。习近平总书记有次在城市工作会议上讲到，一个城市要注意自己的文脉。我觉得这个概念特别对，城市不仅是文化遗产，文化遗产是平面的东西，文脉是纵深的东西。

投身民间文化遗产的保护，我觉得我是被时代逼迫的，当然也是由衷的。我认为这是命运。到2000年的时候，我觉得自己和文化已经融为一体，就是说从情感上、使命上，我已经把这件事情当作天职来做了，不知不觉地反而把小说放下了。从一开始的自发行动，到后来的主动投入，我觉得离不开我作家的身份和作家的立场。作家的立场，它不仅是一个思想的立场，而且还带着一份浓厚的情感。如果是一个纯粹的学者立场，恐怕没有那么大的社会效应，也不会投入那么多的情感。作为一个作家，仅仅把文化作为关切对象是不够的，你所要关切的文化是人的文化，你所关切的是人，是人对城市的一种自豪、人的一种最珍贵的历史记忆、人的一种乡土的情感。当文化疼痛的时候，你才会动心；你动心的时候，老百姓才会跟你有心灵的呼应。

纵横：2001 年，您到中国民间文艺家协会担任主席，从某个角度可以说是官方对您从事民间文化遗产抢救的一种肯定。这个平台对于您开展活动亦有益处。可我们听说这事并没有那么理想，实际情况是怎么样的？

冯骥才：2001 年，中国文联找我谈话，说想让我到中国民间文艺家协会去当主席。一方面，他们说这是中宣部的意思，中央的意思。另一方面，他们说我写作里有很多东西跟民间文化关系密切，我又喜欢民间艺术、在民间文化方面涉猎广泛，还真找不着像我这样的一个人。

到了中国民协，我说我要到各省去看看。民间的各种东西我都有兴趣看，比如木版年画、剪纸、皮影、民间戏剧、民间文学、民间的手艺和作坊等。但一看才知道，我们的民间文化比我们的城市文化还惨，风雨飘摇。

很多的民间文化原来我就知道，比如说我小的时候就知道河北保定白沟的玩具特别好，可到了白沟一问，当地人基本上没人知道，只知道卖皮包、卖刘晓庆唱歌的盘。

一些地方的历史文化被破坏得很厉害。我曾经把中原的开封、洛阳、郑州跟意大利的罗马、佛罗伦萨、威尼斯做过比较，基本没法比。人家那个城市的历史，完全是被敬畏、被尊崇的，历史是闪光的，人充满了一种历史的光荣感和骄傲感，人跟历史全部是沟通的，很神圣的感觉；而我们基本跟历史是没有关系的。有次到郑州，我到那个商代古城，在那古城土墙上面，到处都是人们扎着大铁棍子在摆摊卖东西，历史文化全毁了，就好像中国历史没有发生过一样。洛阳也一样，你根本找不着所谓九朝古都的历史感，都处于一种完全没人管的状态。

我情不自禁觉得要做一件事，这件事远比抢救天津老城要大得多。我当时提出，要对960万平方公里56个民族的一切民间文化做一个地毯式的调查。我提出一个概念，叫"一网打尽"。我在明确地把这件事提出来以后，民协认为很提气，但是他们认为这事必须先得到中央的认可，中央不认可这个事是很难做成的。

于是，我跟中国文联党组书记李树文一块去中宣部商谈此事。时任部长丁关根很重视，当时所有副部长也都到了，刘云山、李从军、刘鹏等几个人全都在。我讲了两个小时。丁关根也挺有意思，他先是用主持人王志那种风格反问我，有那么严重吗？后来他认真听过之后，很郑重地说：这个事我们应该做，的确是很重要的事情。

但具体怎么个做法呢？有人说最好跟文化部联系，这个事国家得支持，财政也得支持。后来我就到文化部去讲，时任部长孙家正很重视，开了一个会，所有的司长全参加了。我在那儿又讲了两个小时。讲完以后，孙家正当时就定下来，由文化部和中国文联合作此事，抢救中心就放在中国民协。我当时觉得这个事基本就成了。

但后来事情又有变动，政府把这个抢救中心从民协改放在了文化部下辖的中国艺术研究院，让我挂一个中国民间文化抢救工程副主任的头衔。可当时也有一个犯愁的事，就是说事情属于文化部管了，但中国文联和民协如果要搞活动，文化部却不能够下文件，因为不属于一个系统的。这样各省文联和民协是没有红头文件的，没有红头文件，各省就没办法接这个事。

中国文联找过中宣部，中宣部也不能为此事发文。这就等于把我放在了孤岛上，我到任何一个省办事，第一没有红头文件，第二没有经费。中宣部后来把这件事放在国家社科基金里立项，经费只有30万块钱，财政部把款拨给了文化部，文化部却不给文联，文联就没钱给民协。

我在全国各地任何地方演讲，既没有钱，也没有名义，名不正言不顺，怎么办呢？我想出一个办法，就是把两个概念分开。文化部后来把这个工程改了，不再叫民间文化遗产"抢救工程"，而叫民间文化遗产"保护工程"。我说，文化部是对的。政府没法做抢救工作，因为抢救是专家的事，政府应该做保护，因为政府是文化遗产的主人。那么我们可以先抢救，把抢救的东西交给政府。所以我们之后做的事，就是到下面帮助各地方政府去抢救。我帮助文化部做国家非遗名录，然后把抢救来的东西放入国家非遗名录，这样这些东西就保护下来了。

虽然这下名正言顺了，可是没有钱怎么办呢？还是老办法，成立基金会，卖我的画。我搞了几次义卖，在天津搞过，在北京现代文学馆搞过。在苏州的那次义卖我感受最深。我是在南京搞完义卖以后到苏州的，我特意留了一些画到苏州，在贝聿铭设计的那个美术馆搞了一个展览。当时王立平、王石他们都去了，朋友们都来支持。在那个展览会上，画很快就卖光了。我问卖了多少钱，他们说300多万。我说，好，我现场捐献，就在大厅里边把这钱捐出去，一分不剩，全部捐了。

之后，人都走了，我跟摄影师说，我在屋子中间站着，你给我照一张相，我跟我的画照张合影。这些画都是我自己的心血，我喜欢我的画，谁都不知道我把这些画卖了是一种什么感受。后来我说，我做民间文化遗产抢救有一种悲壮感。

纵横：有人将您的行动比喻为堂·吉诃德式的战斗，您也常感孤独和失败。从现代化历程来看，以农耕文明为内核的传统文化将不可避免地衰落，而您的"临终抢救"又具有人类文明高度的价值和意义，回首这段历史，您如何评价？对这项事业的未来您有何展望？

冯骥才：我有时为中国民间文化遗产的消亡感到悲哀，但也时常被老百姓对自己文化的热爱所感动。记得有一次，我们为了做一个抢救手册，组织一批专家到山西后沟村做调查。调查做完以后，他们要开一个会宣布这个地方可以旅游了，他们把我叫去了。我在村里的戏台上做了个演讲，演讲下来后，忽然从人群中走出几个老太太，她们拿着筐，里面全是枣子，就往我兜里使劲塞枣子。当时山西的领导说了一句话："冯骥才，你们成八路了，老百姓对你真不错。"

下到民间以后，看到老百姓热爱自己的文化，有了这样的觉悟，心里真的是无比欣慰的。因为他们能理解你，知道你是来干什么的。

有人说，以后将会有人因为你对文化遗产的保护而知道你、记住你，可我说，因为这些知道我没有用，我的名字永远是留在我自己的作品里面的。巴金说过一句话，作家的名字是留在自己的作品里的。如果这20年我专心写作，我想我能写出一些我自己喜欢的作品来。我的名字留在那儿，那才是我的。你现在说巴金，不是首先想到的是他的《家》《春》《秋》吗？说普希金，不是首先想到的是他的诗吗？法国有个著名作家叫儒勒·凡尔纳，他在里尔捐了一座博物馆，可谁知道他的博物馆呢？人们记得的还是他的《八十天环游地球》《地心游记》《格兰特船长的儿女》这些作品。博物馆是他的心血，但没有多少人知道。

但不管怎样，这个心是我的。对文化遗产抢救，我有两个感觉。一个是有一种悲壮感，同时也是一种享受。因为悲壮的东西是纯精神的，你为一个你认为很神圣、很美好的事情贡献了自己的精力和努力，这个悲壮是很美好的一种东西。还有一个很遗憾的东西，就是失败感。有一个记者曾经跟我说，冯骥才，实际你做了一件坏事，很多的文化是快消亡了，但是没人注意到它，它还能在那儿苟延残喘，还存在着；你一喊，大伙都注意到了，都想拿这东西换钱，把这东西改得变了样了，这东西反而没了。比如一座房子，不管它原来挺好还是挺破，它毕竟是一个真的东西，来个人换一个好看的柱子，刷一口漆，原来的东西就没有了，被你那么一折腾，反而给折腾坏了。

有时候我想，我们只是做了我们这个时代人该做的事，我们毕竟喊出了这个时代知识分子符合科学规律的声音，这是一个知识分子应有的良心。其次，我们还是唤醒了一些人的自觉。记得有一次，我被安排到人民大会堂讲文化自觉，那天我本来是要去台湾的，可人家说你不能去，贾庆林主席听说你要来演讲，说要到现场去听。我在人民大会堂讲了以后，贾主席觉得讲得挺好，因为讲到了文化的自觉。

我认为文化自觉有四层意义：第一层属于知识分子层面，知识分子先要自觉，因为你是做文化工作的，对文化是最敏感的，你首先应该站在第一线，这是你的天职。文化疼痛了，你要先疼痛；如果文化疼痛了你还不痛，那就坏了。第二层，先觉之后，你要把它喊出来，使之逐渐成为一个国家的自觉。国家一定有高明的领导人，他们有这样的文化眼光，会使之成为一种国家的战略。第三层，要形成一个地方的自觉，地方各级政府的自觉，这样才能贯彻下去。最后，达到一个目的，就是全民的自觉，因为全民的自觉才是社会文明的最终提高。

记得有一次，我请联合国教科文组织的一个代表去日本参加一个活动，事后我表示感谢。他抬头对我说，你不应该感谢我，文化是你们的，你们不热爱，谁来也没用。我觉得他说得特别直率。最近我老想起这句话，觉得我们的问题就是我们太不在乎自己的文化。我们连文化人都不在乎自己的文化，还老说我们的文化博大精深，这是不是有点虚伪呢？知识分子在整个文化自觉里面应该有一个概念，就是文化先觉。我特别赞成习近平总书记在文艺座谈会上谈到的，知识分子应该是先觉者、先行者、先倡者。一种先进的思想或观念，一开始只有一部分人能认识到它，大多数人认识不到，这就需要有人把这个东西提出来，这是一代知识分子的时代使命。虽然他们不可能把问题都解决，但这个时代使命总得有人去完成。就像梁思成一样，他为北京呐喊，虽然当时没解决问题，但是他的声音到今天还是有作用的。我们现在做的这个事情也是这样，是为了后人。

保护历史文化空间

时　间：2000 年 9 月 18 日
地　点：天津
问话人：李仁臣（《人民日报》副总编辑、高级编辑、作家）
答话人：冯骥才

站在门槛："指指点点"

李仁臣：很高兴能有机会与你聊一聊城市文化的保护问题。去年在
《小说界》第 6 期上读到你的文章《指指点点说津门》，记得文章
开头有这么一段话："评说一个地方、最好的位置是站在门槛上，
一只脚踏在里边、一只脚踏在外边。倘若两只脚都在外边，难免
信口胡说；倘若两只脚都在里边，往往深陷其中，既不能看到全
貌，也不能道出个中的要害。"这句话很精彩。的确，一个人只
去过一次的地方，可以说上一辈子，而住了一辈子的地方，却
往往说不出什么来。与所评说的地方若即若离，或许能够更加
客观。

冯骥才：是这样，用个现代的词儿说，便是要有距离感。我生活在天

津，而不是天津人，才有了对天津的"指指点点"，也才更加热衷于对天津的历史文化保护做点儿贡献。我于 1994 年发起组织的"天津地域文化采风"，至去年完成所有工作，标志着这一文化行为的重要成果——大型系列历史文化图集《天津老房子》，包括《旧城遗韵》《小洋楼风情（上、下）》《东西南北》也已全部告竣。我们用历史照片、实拍照片以及相关的可视资料，将一个个失散的景象重新整合起来，试图在人们脑海中构筑一个有真实历史文化空间的天津。

距离感还能让人在欣赏异域历史文化风貌的同时，发现自己在城市文化保护方面的诸多不足。去年 10 月我受法国外交部的邀请，远赴世界艺术之都巴黎，交流城市文化保护的观点，受到热情的款待。首先令我感到意外的是，主人安排我住在一条窄小的旧街道上的一家老式旅馆，房间古色古香，家具全部仿古，整座楼处处都摆设着古老的艺术品，但是卫生间新式舒适。这使我一下子就进入法国人的价值观中——他们为自己生活其中的文化而骄傲。

巴黎归来的思考

冯骥才：在城市现代化改造中，城市文化保护与城市建设发展是有矛盾的，但如果站在历史的角度和大文化的层面把握两者的关系，不但不会偏废一方，甚至可以两者兼得。巴黎，就是一个很好的例证。

李仁臣：1983年我第一次到巴黎时，就被她厚重的历史感与激扬的现代性相呼应的活力所感染。塞纳河畔奔驰着的虽然不再是叮当作响的四轮马车，但塞纳河桥头的雕塑、两岸的古老建筑都还完好地保存在原处。古老的建筑式样，就像特定的历史符号，真实记载着这里所发生的故事，让你觉得巴黎的历史从来没有中断过。漫步行走在这样的街区，聆听巴黎圣母院的钟声，仰望蒙马特高地圣心教堂拜占庭式大圆顶，品味埃菲尔铁塔作为工业时代的象征意义，就像在温习一个个久远的历史事件，捡拾一颗颗丢失的文化贝壳；坐在现代化的轿车里穿过这样的空间，所享受到的不单是现代文明的果实，还有历史文化在身边的积淀。这就难怪巴黎人为自己生活其中的文化而骄傲了。因为他们依然同他们骄傲的祖先们生活在同一个精神时空里。

冯骥才：世界上所有现代名城都享有雄厚的历史文化遗存，都有一种属于自己的精神。一位巴黎城市保护专家的一句话让我记忆犹深。他说："城市的精神重于它的使用。"当今世界上，除了巴黎人，谁还会这样想？他们这种对自己文化的态度，赢得了世界的尊重，物质上的回报也十分可观。法国有6200万人口，每年到法国旅游的人数达到6500万人，比法国人口还多，你想法国人赚了多少钱。那里的旅游价值无穷而永恒。当然，法国人决不是为了旅游收入，才保护自己的文化遗产。只为旅游，便会无度地开发，结果带来对文化的损害。

李仁臣：只为旅游而开发文物带来的负面影响，不容忽视。我们有些
地方，片面强调文物古迹是"旅游经济资源"，提出要"促进文
物资源优势向旅游产品优势转化"，对文物要进行"大手笔、大
视野、大规模"的开发，甚至将文物作为资产与旅游企业合并，
这不能不令人担忧。要防止因"发展旅游"，对文物造成"建设
性""开发性"的破坏。不错，中国是四大文明古国之一，文物
古迹众多，且极富特色。但是，也要看到，她给人的那种直观的
历史厚重感却与她的名分不太相称。我们这笔财富原本更丰厚，
这和历史上对待文化遗存的轻视态度不无关系。虽说人类社会是
在不断"除旧迎新"中形成，但把历史、文化急速地清除殆尽，
像我们的阿房宫那样被"毁之一炬"的行为，在世界上是极其罕
见的。

冯骥才：这源于我国自古是农业国，农民一年四季轮回，因此尤重
"除旧迎新"，俗话也说，"旧的不去，新的不来"。"新"自是对
新事物的憧憬和期待，但对"新"的崇拜的反面即是对"旧"的
厌弃，"文革"浩劫中又多了"破旧立新""砸烂旧世界"的口号。
虽说我们创造了五千年甚至更长的灿烂文化，同时我们又在无情
地毁灭自己的创造。我们这个文化大国，多么需要文化意识——
懂得文化的价值，爱惜文化，在保护历史文化的前提下，去建设
新的文化，而不是为了建设新的去破坏历史的风景。

我们对历史文化遗产的轻视，还因为我们常常把历史遗产过于物

质化了。如果只把它当做一种物质，我们就会随心所欲地处置它；如果把它视为一种珍贵的精神，我们就会永远守卫着它，以它为伴，以它为荣。甚至把它作为生命的并不次要的一部分。

欧洲人把遗产看得很重要。"遗产"一词源于拉丁语，意思就是"父亲留下来的"。它有物质（财富）的含义，也有"精神"（财富）的内容。这就像我们家中相册里那些父母以至祖上的照片。照片上留下的记忆总是大于照片的本身。它延长我们的人生，巩固着我们的生命积淀，时时焕发着我们的生活情感；然而不单是照片，其他旧物，也常常是过往岁月年华实实在在的载体。可是，面对着这些陈旧又沉默的遗物，人们往往缺乏文化的悟性，甚至纯粹把它们当做了一种物质性的家产，单一地用经济眼光去衡量它的价值。如果它残破了，褪色了，过时了，便把它处理掉。于是，我们的家庭很少有历史印痕。或者说，虽然我们自豪于自己的数千年的历史文化，在我们每一个人的家庭里却很难见到遗迹。过去由于穷，能卖的早都卖了，现在由于富，赶快弃旧换新。

李仁臣：记得拉封丹在他的一首寓言诗《农夫和他的孩子们》中告诫说："千万不要卖掉祖先留下的遗产，因为财富蕴藏其间。"这财富，恐怕也指遗产中蕴藏着的宝贵精神。

巴黎的历史是一代一代承传下来的。它既是遗存，又是财富，既是物质的，又是精神的。巴黎的新区十分现代，老区保护得完好如初，新区老区相映成趣，使整个城市充满了故事，传递着历史，并通过一座座老建筑，通过卢浮宫、巴黎圣母院、蒙马特高地，实现了一个民族历史与现实的对接。

冯骥才：当然，巴黎的历史感，还不仅仅来自于卢浮宫、圣母院、埃菲尔铁塔和凯旋门。那只是历史的几个耀眼的顶级的象征。巴黎真正的历史感是在城中随处可见的那一片片风光依旧的老街老屋之中。找一位这街上的老人聊一聊，也许他会告诉你毕加索曾经常和谁谁在这里见面，莫泊桑坐过哪一张椅子，哪一盏灯传说来自凡尔赛宫或爱丽舍宫，当然最生动的还是那些细节奇特的古老的故事。巴黎那浩大而深厚的文化，正是沉淀在这老街老巷——这一片片昔日的空间里；而且它们不像博物馆的陈列品那样确凿而冰冷，在这里一切都是有血有肉，生动又真实，而且永远也甭想弄清它的底细。如果这些老街老巷老楼老屋拆了，活生生的历史必然会失散、飘落、无迹可寻。损失也就无法弥补！这一点，我们真应该对照自己好好想一想。

当前城市文化保护的重点是民居

李仁臣：在城市的历史文化发展中，除有形的文物之外，应该还包括丰富的传统文化内涵。这里就有一个文物和文化的关系问题。

冯骥才：从城市保护的角度看，文物与文化不是一个概念。文物是指名胜古迹。它们多是历史上皇家与宗教遗产中的精华，显示着一个城市历史创造的极致。这些自然是首要保护的。文化的内容却广泛得多，更多表现在大片大片的民居中。它是城市整个生活文化的载体，也是城市真正的独特性之所在。就好比北京的城市文化特征不是在故宫，而是在胡同和四合院里，但要保护起来并非易事。

记得与一位文友在电视上谈城市保护时，这位文友说："北京比天津古老得多，也经典得多，紫禁城、天坛、雍和宫、颐和园，天津有吗？要保护首先是北京。"显然这位文友把文物与文化两个不同意义的事物混淆了。文物之间可以划分品级，文化之间却是完全平等的。各个民族、地域、城市的文化都是自己一方水土独自的创造，都是对人类多元文化的一己贡献。失去了自己的文化，就失去了自己的个性特征，乃至一种精神。从人类文化整体上说，也就失去了其中一个独特的文化个性。

李仁臣：一方水土有一方文化。我的家乡是山东潍坊。潍坊是一座历史悠久的文化古城，是齐鲁文化发祥地之一。千百年文化传承与积淀，形成潍坊地区源远流长、内容丰厚的传统文化。除了各个历史时期埋藏的文化遗存和人文景观外，风筝、年画、剪纸、泥塑、布玩具、刺绣、嵌银漆器、民间烟火等民间工艺丰富多彩，还有多姿多彩的乡风民俗，构成当地独特的民族民间文化。改革开放后办起国际风筝节，对民族民间文化是开发利用，也是城市文化形象的展示。有形文物只有同无形的文化互相依存互相烘托，才能共同形成城市的文化积淀，共同构成城市的历史文化遗产。

人们的保护意识应是无形文化的一部分。巴黎的过去，也有过曲折，据说在巴黎走向现代社会的历史过程中，她的民居也遭受过冲击。

冯骥才：巴黎的过去和我们今天一样，也逃脱不了现代化的冲击。特别是五六十年代，高楼大厦要在巴黎市中心立足，成群的汽车都想在老城区内冲开宽阔的大道。老城区的街道狭窄，房子设施陈旧，卫生条件差，供电不足，从实用的角度完全有理由拆掉和另建新楼——这些理由被房地产商们叫嚷得最凶。比如，现在使我们为之倾倒的古老又迷人的沃日广场，在当初差不多已经被宣判了死刑。尽管法国最早的城市保护法颁布于 1913 年，但受保护的数万座建筑都属文物，没有民居。1943 年以来的保护法规定有了进步，开始注重文物的"历史环境"，名胜古迹方圆 500 米之内的所有民居建筑都受保护，但从民居的角度看，还不过是沾了名胜古迹的光，并没有独立的民居的保护条例。这由于名胜古迹是一座座建筑，比较好保护，民居是一片片城区，而且其中良莠掺杂，产权分散，很难规划。世界无论哪个国家，城市保护的最大问题都不在名胜古迹而在民居方面。

李仁臣：有一个问题值得探究：究竟是谁把巴黎这大片大片的老屋老街原汁原味地保护下来了？

冯骥才：是巴黎人自己！是他们在报上写文章、办展览、成立街区的保护组织（如历史住宅协会、老房子协会等），宣传他们的观点——这些老屋绝非仅仅是建筑，这些老街也绝非仅仅是道路，它们构成了一个特定的历史文化空间。巴黎人的全部精神文化及其长长的根，都深深扎在这空间里。而且这空间又绝非只属于过去。在文物中历史是死的，在这文化中历史却仍然活着。从深远的过去到无限的未来，它血缘相连，一脉相承，形成一种强大和进步的文化精神。割断历史绝不是发展历史，除掉历史更不是真正地创造未来。因此，他们为保卫这空间而努力数十年。如今这些观点已经成了巴黎人的共识。巴黎已经有了清晰的民居保护区和严格的保护民居的法规。特别是1964年法国建立了"文物普查委员会"，对本土文化资源进行彻底又细密的清点，具有历史文化价值的民居便进入国家文化遗产的视野之中。这些，在阿尔斯纳尔馆——巴黎城市规划展览中心的彩色图表和电视屏幕上，都会一目了然。在保护区内，老屋老街享有与名胜古迹同样的待遇。即使维修老屋，也必须获得政府有关部门批准，尤其临街的老墙是大家共享的历史作品，不准损害分毫。而这些老屋的房主们还会得到政府的经济补偿。一位巴黎人对我说：巴黎到处是工地，但不是建设新的，而是维修老的。当保护城市文化的愿望已经成为自觉而顽强的民意，谁还会为巴黎的文化操心与担心？

在巴黎，我一直在思考着我们与他们的距离，以及到底怎么形成的这个距离？

李仁臣：我想，我们与他们的距离，恐怕还与地方领导对待历史文化遗产观念，与他们自身的政绩压力有关。我们有些地方似乎是以推倒了多少旧建筑，建起了多少新建筑作为政绩的依据，故而只持一种短视的而非长远的发展观。

的确，最能反映一座城市特定风貌的就是城市内历史街区中的民居，它是城市历史发展中留存下来的连片的建筑群落，它保存着这座城市的发展过程的历史信息，还因为街区中有居民在进行着形形色色的生存活动，包括独具特色的民族民间文化活动，特定的地方生活方式和社会结构，所以，民居是城市最具生命力的组成部分。像巴黎那样在旧城之外另建新区，是目前世界许多历史名城行之有效的城建方案，它不仅缓解了旧城人口压力，减少了与城市现代化建设的矛盾，而且使旧城的历史文化遗存能更好地得到综合保护和合理利用。

而在我国，许多城市不注重民居的保护，有的城市在经济利益的驱动下，甚至根本不考虑它们存在的不可取代性，只是看做拆迁改造的对象，随意处置它们。而那些迅速崛起的风格近似的新建筑，使城市变得千篇一律，以至于无论你走到哪一座城市，都会产生似曾相识的雷同感，让人失去地域的概念；或者在原有历史街区中兴建新建筑，把原有民居的古朴变得不伦不类。这些问题又大多是当地行政领导缺乏起码的历史文化修养，急功好利，再加上规划设计者好大喜功酿成"糟糕之笔"。

当然，我们也有保护得比较好的，比如苏州。作为江南水乡名镇，苏州依然保持着小桥流水、粉墙黛瓦的古朴雅致的历史风貌，是由于近十几年来市政规划保护的结果。如今，古城苏州的保护与更新也由单纯的政府行为转化为全社会的共同行为。

审美的时间感和历史感

冯骥才：对于古老建筑的维修，乃至文化保护历来分为两种方式，也是两派观点。一是整旧如新，即粉饰一新；一是整旧如旧，即在修整中尽力保持古物历时久远的历史感。前一种方式多出于实用，后一种方式则考虑到古建筑蕴涵的历史和文化的意义。在我国，很长时间都是整旧如新，及至近代，才有了整旧如旧的观念。

这些年，西方的古物修复专家又在探讨一种新的方式，便是用科学方法除去古物表层的污染物质，使古物再现它刚刚完成时最初的面貌与光辉。我称之为"整旧如初"。这种方式被认为是更高层次的"整旧如旧"，即还历史以本来面目。它最成功的例子是梵蒂冈西斯廷教堂米开朗琪罗的穹顶画《上帝创造人》的修复工程。

李仁臣：修整前后，我分别去过一次，感觉不同。整修过的西斯廷教堂令米开朗琪罗的不朽绘画更显得恢宏大气，给人直通宇宙的崇高感，更好地体现出意大利文艺复兴时期的特征，震撼心灵。这样的古物修复功不可没。

冯骥才：但西方也有失败的例子，而且十分惨重，便是近期修复完成的米兰那幅世人皆知的达·芬奇名作——《最后的晚餐》。5 年前我在意大利,听说达·芬奇《最后的晚餐》正在修复,便怀着很大兴趣到米兰修道院去看。几位专家在高高的架子上,专注而凝神地工作着,像在为一位病人做大手术。据说他们每天只能完成一个火柴盒大小面积的壁画的修复工作。当年修复专家们对西斯廷教堂的穹顶画也是这样做的。而《最后的晚餐》是一幅残损尤重的艺术史名作,许多部位都剥落得一片模糊,因此人们很想知道 500 年前这幅作品完成时最初的神采。当时我还在米兰的书店买了一张修复前《最后的晚餐》的印刷品,以便将来对照来看。然而,如今一看,竟然惨不忍睹!不但不相信这幅画最初会如此拙劣,连修复前那种历尽沧桑的历史感也荡然无存。这一修复工程失败的缘故,被专家认为是达·芬奇作画时最喜欢试用各种新型颜料。这幅画所使用的颜料肯定与他一贯采用的“湿壁画”法相抗,所以传说这幅壁画在刚刚完成时就已经出现裂纹和开始剥落,这样一来,修复的一半工作成了修补。再说 500 年来人们已经习惯了那种残破又古老的“沧桑感”,即使修复后的画面和当年作品完成时一模一样,人们照旧会不买账。批评家们指责意大利修复专家“胆大妄为”;甚至说意大利人“用‘先进’技术爆破了《最后的晚餐》”!

李仁臣:在米兰我看《最后的晚餐》是 1983 年,当时对米兰人在二战期间为保护这堵墙壁不遗余力而肃然起敬。虽然在现场看了这幅名画,留下的印象却是对周围环境、现场气氛、讲解员情绪的感受超过作品本身，反倒是印刷品《最后的晚餐》栩栩如生。我想，如果"整"到让人一看能和脑海里的印刷品基本重合起来，那就是米兰人的成功。

冯骥才：比起意大利人，法国的修复专家要谨慎得多，但谨慎并非保守。巴黎市政府文化事务局的宗教艺术品研究员安贝尔表示他坚持"整旧如旧"的原则。他认为意大利人"整旧如初"的做法，即便成功了——西斯廷教堂穹顶画——也使古代遗存失去历史感。因为古物表面斑驳含混和漫漶不清的一层不仅仅是物质侵染，如烛火、灯烟和空气氧化的侵染，更是一种时间浸润的结果，这里边还包含一种珍贵的历史感，也就是历尽沧桑的味道。去掉这一层，就是除却历史。

我追问他："你认为'整旧如旧'，应当'如'哪个'旧'呢？事物的历史化是一个时间过程，也就是一个逐渐'旧'化的过程。应当锁定在哪个程度上？"我想同他认定修复的标准。他想了想说："这个问题很有意思，也很难回答。应当是一种中间状态吧！"

他的话发动了我的思考。我说出我的意见：我的想法是修复工作应尽量用"减法"，少用"加法"。减法是减去三种东西，一是朽坏糟烂，不能恢复并有碍观瞻的损害部分；二是有害的微生物；三是污染痕迹，如烟尘、酸雨、霉点等造成的污染损害。除掉"旧"的破坏性污染，达到"旧"的审美。这个减法的极限是不能减去古物的"审美的时间和历史感"。我生造一个词吧，就是——"历史美"。

李仁臣：这个词不错。历史美，既是对"旧"的审美，又是对昨天美的存在的重视，或者是尽可能近似的重视，对昨天存在的美的气氛的感受。

冯骥才：在凡尔赛宫，承蒙主人热情，让我参观了玛丽·安托瓦内特皇后内宫的休息间。陪我参观的一位历史专家说，宫中古物的维修人员，都是毕业于文化遗产学院的高等人才。他们不单要对古物清洁、加固、维修，关键要整理出那种历史的味道。这种维修，远远比创造这种物品用时还长，因为他们明白历史感不是物品原有的，是历史的一种加工。在历时久远的时间长河里，物品不再仅仅是一种物质。时间是神奇又有力量的，它会把它深远的历史内容无形地注入进去，同时将潜在其间的特有的时代精神与文化精神升华出来。时代美过后就变为一种历史美。但只有它成为历史才变得更加清晰和更加动人。于是，历史物品更重要的价值是一种精神，一种美。这种美往往与它的沉默、斑驳和残破同在，而修复古物的关键，不仅是技术高超，更要理解历史和懂得美之所在。

我望着墙边一排刚刚修复不久的老椅子痴迷不已时，陪同者告诉我，这里的每把椅子的维修，都需要一位专家工作一年。一年？！谁会这样照料自己的城市历史？倘若再放眼去看一看巴黎——这座博大、丰富、古雅、斑驳——在精心的保护与维修中充满历史美感的城市，我们不是会深深地感动吗？

李仁臣：我也曾参观过凡尔赛官的玛丽·安托瓦内特皇后内宫的休息间，很典雅，华贵沉静，充满着一种唯王室才有的考究到极致的气息。这间不足二十平米的房间，据说竟然修复了近三十年！连窗帘、椅子的面料及壁布，全是仿照昔日残存的布料的图案复制的。不仅再现了昨日的豪华与辉煌，而且连古老物品那种风韵也全然仿制出来了。

这里就有一个对"旧"的思辨问题。"整旧如旧"还是"整旧如初"，我以为，这要具体问题具体分析。历史属于大众，文物也是大众的，把历史的尘埃也当做文物古迹的一部分来保护，那是文物古迹爱好者的偏好。西斯廷教堂每天有那么多人参观，如果能够让他们看到"整旧如初"的、更接近历史原貌的西斯廷不是更好吗？去年，我去罗马，杨文栋大使建议我去看一看拿破仑妹妹的一个美术馆，名字叫博尔盖塞画廊。里面的雕塑、绘画，十分珍贵，十分精美，让人过目不忘。据说，这个美术馆重开不久，过去因年代久远，烟尘的浸染使之变得黑乎乎的。这样的文物"整旧如初"是必要的，给它洗个脸，使之露出原貌，再现历史真实和美感。

而且，将先进的科学手段和方法引入文物保护，也是一种世界发展趋势。如西安后来发掘出的兵马俑，有的俑脸上还有彩绘，开始因为没有采用科学方法保护，一出土，鲜艳的颜色马上就消失了，很可惜。最近采用德国研制的一种药液予以保护，彩俑不再氧化褪色，这就可以"整旧如初"了。拿破仑妹妹的美术馆经过

10 年整修，在"整旧如初"上也做得很好。看来，采用科学方法保护文物还是很有必要的。

关注"文化生态"与"人文环境保护"

李仁臣：保护历史文化遗存，不单纯是崇古求美，而是保护和再利用相结合。现在，对牺牲自然环境发展经济是一种短视行为这一观点，大家都有了共识，明白了什么是可持续发展。在历史文化方面，我认为也存在一个环保问题。因为环境是个有机的统一体，它包括自然环境和人文环境，二者同样重要。由于人文形态不如自然形态那么直观，因此，人文环境保护显得尤为重要。我们今天正在逐步认识自然环境对人的重要，但对人文环境保护，还没有成为多数人的共识。

听说你有一个词，叫做"文化生态"，对它的关注一定有益于你的日常写作和社会文化活动。

冯骥才："文化生态"，我是指一座城市的人文文化形态。秘鲁作家略萨有一句名言："对一个作家来说，最重要的不是你运用何种写作方式，而是你对整个社会问题和文化问题所给予的关注。"我的工作有三项：写作、绘画和社会文化行为。

作为文化人，我几乎是本能地关注这个问题。我到国外每一座历史文化名城如维也纳、柏林、罗马、巴黎都仔细考察当地城市保护的观念和措施。因为对于历史文化遗存的态度，反映一个民族的文化素质，代表着一个国家的尊严。因此，我们所说的提高全民族文化素质，也应该是全方位的。

李仁臣："文化生态"不是独立的，它由现实不断变成历史的诸元因素构成。"文化生态"需要去保护，需要去营建，这不是个人行为，更重要的是政府行为和社会行为。一个好的"文化生态"使人们感到愉悦。今天我们在罗马感受到的阳刚之气，在巴黎感受到的柔美之风，都是两座城市经过几代人辛苦营建的。如果没有对历史文化的保护和营建，就没有人们熟悉的"条条大路通罗马""罗马不是一天建成的"这两句世界性的格言。

作家对"文化生态"就更加敏感，通过文学作品和社会文化行为执拗地守护着，顽强地营建着一方的"文化生态"。作家的努力可歌可泣。当下我们迫切希望的是行政领导要具有长远的眼光。在对历史文化遗存的保护中，我认为行政的力量十分重要。一个当政者，如果有对历史文化遗存保护的长远眼光，看出旧的东西的价值和意义，并加以行政综合整治，这就是他对一个城市的贡献。除此之外，还要重视群众的力量、舆论的力量、法制的力量等，形成合力。因为一个民族、一个国家，不是有了彩电、冰箱就满足了，精神的需求必须得到重视。

在这样的前提下，一座历史文化名城保护好了，自然能增加旅游收入，带动经济发展，形成良性循环，实现可持续发展。

一次空前规模的文化行为

李仁臣：开头谈到你于 1994 年发起组织了"天津地域文化采风"，去年又完成了大型系列历史文化图集《天津老房子》，这些在保护城市文化方面作出的努力让文化界甚至文化圈外的人倍受鼓舞。

冯骥才：这项系列工作实际上是多学科综合的文化考察。包括历史、文化、考古、建筑、民俗等方面，考察方式是一条街一条街地，先由各方面的专家学者实地考察，提出方案，确定重点，再请摄影家深入拍摄。这是一次广阔的历史文化的搜寻，一次空前规模的文化行为。五年来共拍摄三万张照片，大概中国任何一个城市也不可能像天津摄影家对自己的城市这样了如指掌，这样真诚与热爱。历史在化为时间流逝而去的同时，又被我们摄影家的快门锁定下来。

对于天津地域文化来说，此次考察的重要成果之一，是对这一地域的文化结构进一步地认识。此前，史学界一直将天津的地域文化约略地看做中西两种文化并存，但对本土文化的内在结构的认识比较模糊。本次考察从大量鲜活的材料得出新的认识是，天津的本土文化应再分为两个空间——老城文化空间与码头文化空间。前者为儒家精神所笼罩，严正整饬，具有中国北方古城那种规范化的特征；后者则因流动的海河养育而成，灵活通达，强悍好胜，促使天津崛起为近代北方商埠风格独异的人文背景。这样，从城市的独特性看，天津保存着三个历史空间，即方才说的老城范围内的本土文化，沿河存在的码头文化，还有以旧租界为中心的近代文化。《天津老房子》图集依照这一文化结构观，一分为三，又合三为一，从而把天津地域文化清晰地分解开又完整地表现出来。

这一文化行动日益得到社会各界的广泛的关心与支持，这是我最感欣慰的。一开始操作这部图集带有个人化的性质，经费靠个人募集。然而渐渐愈来愈多的有识之士伸出手来给予支持。没有他们，我们的志愿依然还是一种梦想。

我们这一文化行为的目的：一是在大规模城市现代化过程中，尽可能抢先一步给城市的历史原生态一个定格。我们把这一定格视做文化人力所能及的抢救工作，也是为后人留下一宗可视和可感的文化遗产。二是通过这一行动的过程和成果，唤起世人对城市历史文化的关注与珍视，也为城市的主管部门提供文化视点与保护目标。三是过去我们很少对城市的历史文化财富进行系统的整理以及学术上的鉴别与认定，因此也对城市文化很难准确地把握，真正做到心中有底。在当前的城市快速的大规模的现代化改造中，这一工作不仅极其必要，而且刻不容缓。

眼下我正在帮助天津南开区建"老城博物馆"。这将是中国第一家"捐赠博物馆"，我们号召老城区的老百姓，在搬迁离开老城之时，把老城的历史留下。这也是调动他们的乡土情感，启迪他们的文化意识。我带头捐助展品。

李仁臣：我看过一本《洋楼沧桑》，是上海画报出版社去年底出的，
图文并茂。这本书搜集的，是在上海街头"玻璃幕墙大厦"旁侧，
那些色泽已趋暗淡、用条石或砖瓦砌成的老房子，是上海滩西风
东渐的历史见证，是一道更具人文意义的立体文化博览风景线。
这本书的出版，说明这道风景线已引起广泛关注。

在历史文化遗存的保护方面，必然有一批头脑清醒的人认识在
先，在观念上起引导作用，并用他们充满文化责任感的行动影响
其他人，使这种行动变成社会的主流，让更多的人参与其中，最
终变成一种自觉的社会意识。而你和其他人做的这一切努力和实
绩，已经证明了这一点。

冯骥才：文化责任感，是我们五年来一直在极困难的条件下坚持做好
这件事的原动力。历史财富的历史价值，也是一种无法再造的，
用之不竭的未来价值。当知识界的文化责任感化为一种社会共
识，文明的理想才会开花结果。

李仁臣：再回到我们开始的话题上来。保护城市历史文化和改善老城
区居民生活质量似乎总是一对矛盾，但两者在深层次上的确是统
一的。事实上，改善老城区居民生活应该成为保护城市历史文化
的重要组成部分。因为当居民的传统生活习俗和风情被原汁原味
地保存下来，才算真正地延续了历史，也才真正保护了历史文化
空间，而这有赖于老城区居民能够同样享受到诸如内装修现代、
上下水通畅、"三气"齐全、电视有线等现代文明的果实，并怡

然自得地在我们祖先创造的历史文化中生活下来。

冯骥才：这正是我的一个梦。我梦想，21 世纪的人们都住上新房子，

但新房子是套在典雅的老建筑里。

文化在熏陶，不在教

时　间：2003 年 2 月
地　点：天津
问话人：夏欣（记者）
答话人：冯骥才

夏欣：你作为文化界的多栖艺术家，近年也开始介入和参与在理工科大学办人文教育，目前人文教育虽已开始受到重视，但在非人文专业的实施仍是一个问题。请谈谈你的教育思想、理念的来龙去脉？

冯骥才：坦率地说，我认为中国教育最大的问题是把人"工具化"，教育的目的是把人最终塑造成社会的工具，不重视人本的、人文的教育。而人的精神世界、人的心灵、人的品位、情趣是非常重要的。以往我们讲人生观、价值观，更多强调的是道德层面上的东西，而现在我们所面对的是开放的社会，各种价值观在孩子们幼小的心灵中碰撞，尤其是市场经济的各种客观要求，包括一些经济政策、手段，客观上给人的价值观、给下一代的教育都带来一些新的问题。比如我们讲扩大内需，是要使国家增加收入，把经济搞得更活。但是扩大内需就必须刺激物质占有欲，这自然会影响到价值观，这种矛盾冲突不可避免，非常尖锐。当然社会本来就是在方方面面力量的矛盾运动中发展的。问题是教育对这些现实问题并没有多少针对性。21世纪所需要的就是复合型人才，不仅我们，世界各国都是如此，都需要走文理融合的路子，培养复合型人才。我们发展教育应具有这种战略眼光。

人本的教育对人的影响是全面的、整体的。它与知识的教育不一样，知识教育要靠灌输，人文教育只能靠熏陶。比方说人们对音乐、对绘画的审美，对色彩的感受力，都与视觉环境、与声音环境有关，这些环境因素都是和教育密切相关的，应该被纳入教育的范畴，但现在学校教育根本谈不上顾及这些东西，有的学校教室上着课，耳边是操场上乱糟糟的噪音，一些重要的人文因素并不在我们的视线之内。

夏欣：说明我们的教育发展目标层次还不够高，也说明现代社会仍缺乏有利于学生人文精神培养的文化氛围。

冯骥才：现代社会是流行文化占主导地位。可以说孩子们从小就被流行文化统治，从动画片到一切商业文化。他们的文化食品可谓五湖四海、五花八门、五光十色，天天能把人埋到文化里，但几乎都是些文化快餐。它主要来自两个巨型"供应商"，一是报纸，二是电视，全是媒体，当然还有网络。现代传播技术使信息、知识与文化有了最方便、最广泛的传播渠道，所有人想要的，媒体上都有。如果看小说费劲，还能把它改成电视剧，赏心悦目地捧给你瞧。但媒体也是企业，它也要赚钱养活自己，还要和同行竞争。这就必须有卖点，制造新奇，要有很多道菜，一切意外的、刺激的、新奇的、有趣的和独家的多是媒体的卖点。媒体文化也是商业化的、快餐性的、一次性的、消费性的。应该说当今不少粗鄙的文化食品，也都是由各种媒体提供的，各种时尚往往是商业陷阱，靠商业炒作出来、制造出来的。有的学生并不懂，认为这就是新潮，要追逐，要学，从服装到发型，从书包到鞋子到手机。一些媒体热衷把演艺界的年轻人炒热，炒作成名人，炒成巨无霸，年轻人就把他当成偶像和时尚，来模仿追求。最高级、最极致的就是贝克汉姆的发型。可他们不懂，这些模仿根本不是个性，更不能培养形成良好的人文素养。

夏欣：流行文化的泛滥是全球性的问题。

冯骥才：我想文化的全球化很大程度上是美国人的把戏。因为他们在经济上是霸权，是一张王牌，所以整个西方要搞全球化，必须要按照它的游戏规则，进入它的范畴才能交易，这就要逼着你推行它的商业文化，而且是强势。它推行起来自有很多卖点，像体育明星、动画片、麦当劳都简直是无孔不入。

五四运动打开国门的时候，知识分子对西方文化是可以挑选的，基本是精英文化。而我们现在搞改革开放，国门一开就是全球化时代，随着全球化经济跟进的是商业文化，不是高雅艺术，是没有经过挑选的俗鄙文化。这个文化因为有数十年商业文化的经验，其市场特别大，也特别有魅力，符合人的需求，很难抵挡。

夏欣：光靠教育单枪匹马来对付也很难奏效。

冯骥才：它需要整个社会有很强的引导的力度，坚决地、理直气壮地讲我们自己的优秀文化。但现在的情况往往不是这样，在强调发展经济和高科技的时候，常在文化方面带来一些负面效应，比如对环境、对资源的破坏，还有忽视我们的文化财富的问题，搞房地产开发的很少注意城市的文化功能、文化个性；在教育方面，则表现在忽视立体的人文的东西渗透，只重视理工科、科技知识的传授。因而我们常常感到现代社会人的文化视野越来越差了，差到认为孩子们掌握了高科技将来就行了，这就使孩子们的文化视野更差。其后果之一就是使孩子们太工具化，许多人生能够感受、能够享受到的东西，他们不懂，也无从感受，而孩子们的精神迟早会组成整个社会的精神。

我们对自己的文化真的缺乏研究，利用得也太不够了。这特别需要领导层看到这一点。进入知识经济以后，我国越来越多的决策层、领导层将来要从理工科学生中产生，如何影响学生的人文视野尤为重要。21世纪的世界是一个充满竞争的世界，我们中国过去有非常值得我们骄傲的历史文明，那么我们在创造现代文明的时候，我们从历史中得到了什么？怎样吸引人们关注自己的文化？这是我们要研究的一个很大的课题，而不能把大力发展的目光都放在经济方面。等那些商业文化、消费文化、流行文化成长起来以后，问题会更大。

夏欣：这就是这些年来，你在文化研究和城市文化保护方面坚持不懈努力的原因？

冯骥才：我搞民间文化读本、搞旧城的文化保护等等，就是要引起国人对自己文化的兴趣。总有人认为我是一个回头看的人，总是面对过去，喜欢古老的民俗，古老的文化，一些旧建筑、老房子，越破我好像越喜欢。实际这是一个误解，我觉得越是现代的人，他越尊重自己的历史文明。中国传统文化的内涵十分博大，要想让更多的人能了解和继承，必须通过教育。一个人的力量是微弱的，如果把传统文化的保护渗透到教育当中，才是保护传统文化的根本出路。

我们的民间情感、民间审美已经很差了，差到几乎使民间的东西成了另类，而它本来是可以成为主流文化的，韩日这方面和我们不一样。他们的饮食、服装、电视剧都是自己东西占主体。

我到日本提出去迪士尼参观，对日本朋友说，不是我有童心，而是要看一看，美国文化把你们侵略到什么地步。可看了我才发现迪士尼已经被日本化了，讲的都是日本的故事、日本的服装。大阪人说，最迟到 2004 年，就可以把迪士尼完全日本化了。他们把外来的东西吸收成了自己的。再看看从足球世界杯到亚运会，韩国人多么团结，其中最大的凝聚力量就是来自文化。在我们台湾，无论与内地政治有多么大分歧，但人们在文化上的情感是一样的，5000 年分分合合的事情太多了，但是文化仍然不分彼此，春节都必须全家团聚。

夏欣：于是你想从优化环境上想办法，在天津大学校园建人文馆舍，对理工科大学生创设一个"熏陶"的文化环境？

冯骥才：这首先因为天津大学在办学实践中认识到，在知识经济时代，科技和人文社会科学的融合是高等理工科院校培养 21 世纪创新人才的必然之路，学校在巩固发展特色学科优势的同时，想要有意识地加大人文学科的建设力度，营造文理渗透交融的校园环境，这个想法很吸引我。

我真正要做的就是有意识的文化熏陶这件事。知识是可以教的，但文化不同，它不能靠教，只能靠熏陶。所以这几天学校就要开工的天津大学"冯骥才文学艺术研究院"将设立文学、艺术、文化 3 个研究室，建立美术馆，办人文图书馆，研究生培养和开展国内外各种的学术研究交流活动，这个研究院的文化品位应该相当高，它是一个"场"，一个高品位的、一流的那么一个"文化场"，要散发很强的文化气质，学校轮番搞画展、音乐会和文化讲座，搞直接见面式的高层次会议，让学生能够享受到最高的、当代最好的中外艺术。展出最高档次的精美的艺术品，美术馆要把国内外最好的艺术家、一流的艺术搬进去，包括绘画、雕塑、摄影、平面设计，还有民间文化，也包括文物、民间文化精品展示，既对校园内师生开放，也对社会公众开放。本校学生可自愿参观，但不给学分，门票限量。

夏欣：这些高雅艺术的潜移默化最终要达到哪些效果？

冯骥才：最直接的效用就是要能够对付庸俗。文化的最大的敌人是庸俗，它比无知更可恨，无知就像一个鲁莽人，庸俗就像一个油滑的人，油滑的人更可怕，因为庸俗还可以教化，一个人要是油滑就难办了。

所以现在我做的无论文化还是教育，都与之相关，主要有四件事：第一，做一个民间文化最大规模的普查；第二，与天津大学一起办好人文艺术研究院；第三，搞创作；第四，顾好其他社会兼职的工作。

（原载《中国教师》2003 年第 2 期）

策　　划：辛广伟　张振明

责任编辑：刘敬文

封面设计：林芝玉

版式设计：周方亚

图书在版编目（CIP）数据

冯骥才对谈录 / 冯骥才 著 . —北京：人民出版社，2020.6

ISBN 978 - 7 - 01 - 021913 - 4

I.①冯…　II.①冯…　III.①冯骥才（1942—　　）- 访问记　IV.①K825.6

中国版本图书馆 CIP 数据核字（2020）第 035466 号

冯骥才对谈录

FENGJICAI DUITANLU

冯骥才　著

人民出版社 出版发行

（100706　北京市东城区隆福寺街 99 号）

北京盛通印刷股份有限公司印刷　新华书店经销

2020 年 6 月第 1 版　2020 年 6 月北京第 1 次印刷

开本：710 毫米 ×1000 毫米 1/16　印张：17.5　插页：5

字数：182 千字

ISBN 978 - 7 - 01 - 021913 - 4　定价：60.00 元

邮购地址 100706　北京市东城区隆福寺街 99 号

人民东方图书销售中心　电话：（010）65250042　65289539